のび
いる最大効果を出す
小学生の勉強法
石田勝紀
Ishida Katsunori
新興出版社
shinko publishing

はじめに

親の時代の常識では太刀打ちできない 現代の小学生事情

小学生の子どもを持つ親にとって、当然ながら小学校は通ってきた道で、小学生の勉強ぐらいは見てやれる、と思われていることでしょう。でも、この本を手に取られたということは、何か引っかかっていることがあるのではないでしょうか？

勉強しなさいと言わないとやらない（言ってもやらないことも）、今の勉強法でいいのか不安がある、もっと自分から進んでやってほしい……などなど。でもそうした定番の悩み以外にも、自分たちの小学生時代の勉強とは何かが変わってきているように感じる場面もあるのではないでしょうか。

その通りなんです！　今、学校教育は大きく変わりつつあります。

一番大きい変化は、ＩＣＴ環境が整備されてきたことです（ICT：Information and Communication

Technology＝情報通信技術）。一人一台のタブレット端末を与えられ、パソコンが身近に使えるようになりました。教科書のデジタル化も進みつつあります。そうしたツールをどう使いこなすかといった問題のほか、外国語やプログラミングといった、自分たちは習ったことがないものに対してどう対応すればよいか、戸惑うことも多いでしょう。

こうしたＩＣＴ教育の流れに拍車をかけたのが、２０１９年末から始まったコロナ禍です。コロナによる自粛生活により、デジタルツールの使用が加速したという印象です。

さらには、コロナ禍で在宅時間が増えたことで親のガードが緩くなり、子どもたちが加速度的にデジタルツールを使用するようになって手に負えなくなった、という傾向も見られます。もともとあった傾向ですが、コロナにより一気に加速したイメージで、親の不安も高まっていると感じます。

激変している小学生の学習環境をふまえ、これからの時代に対応していける子どもを育てるためにどうすればよいのかを理解する手がかりになればと、２０２０年に発刊した『小学生の勉強法』を全面的に見直し、新たな情報なども加えて改訂したのが本書です。

ＡＩが普及し、グローバル化が進む時代に対応できる能力を育てるための新しい学習指導要領にそった学習内容だと言われても、そんな教育を受けてこなかった親からすれば、子どもに具体的にどういうことをしてあげたらいいのかわかりません。

デジタル化が進んだとしても、親として気になるのは結局、**どうやったら自分から勉強してくれるようになるのか？**　ということではないでしょうか。

誰も「勉強の仕方」を教えられていない!?

なぜ子どもは自分から勉強しないのか？　――実は、重大な事実があります。

それは、**子どもは自分で勉強する方法を知らない**ということです。方法を知らないのに、ただ「やれ！」と言われても、できないのは当たり前です。方法を知らないと、やる気が出ないのも当然ですよね。

実際のところ、「勉強しなさい！」と言っている親も、勉強のやり方を知らないことが多いものです。皆さんは小学校時代、「勉強の仕方」「覚え方」「感想文の書き方」「絵の描き方」を教わりましたか？　これまで多くの方に同じ質問をしましたが、圧倒的多数の方が、首を横に振りました。ということは、当然、今の子どもたちも「学び方」を知らないのです。

しかし、全てのことには方法があります。しかも、効果が出る方法が。

そんな偉そうなことを言う私も、かつては学び方を知らない一人でした。小学校時代は、授業中はちゃんと座っておしゃべりはせず、黒板に書いてあることを書き写す、宿題をする、テストがあれば受ける。中学校に入っても、やはり誰も勉強方法を教えてはくれませんから、これまたなんとなく中学校生活を送る羽目になります。

塾に入れれば成績が上がると思っている親もいます。でも、自分で勉強できる力、学ぶ力がないと、いつまでも依存することから抜け出すことはできません。塾は依存するところではなく、利用するところです。依存になると学力は伸びません。

では、小学校時代に何をしておけばよいかと言うと、**「学び方を知る」「学びの習慣を作る」「学びが楽しいことを知る」**の3つです。これらができていれば、中学、高校へ進学しても、「勉強が苦しい」とはなりません。子どもは、小学校1年生から高校3年生までの12年間、ほとんどの時間、勉強をして過ごします。そんな長い期間を苦しみとして過ごすよりは、日々ワクワクで過ごす方が圧倒的によいことは言うまでもありませんね。

そこで、「小学生の勉強法」について一冊の本にまとめたのが本書です。受験の対策本はあるかもしれませんが、中学受験をするしないにかかわらず、小学校時代に子どもの能力を最大限伸ばしてあげる方法から、国語の勉強方法、算数の勉強方法、読書感想文の書き方に至るまでを公開している本は少ないのではないでしょうか。

さらにこの本は、勉強とはどうあるべきかということ以外に、親が子どもにどう指導したらいいか、何をさせたらいいかという点についても書いてあります。

子どもにやる気がないのに勉強を押し付けたところで、勉強嫌いを助長するだけで、よい結果は生まれません。子どもに対してアプローチするときは、子どもの心理変化という点に着目していなければなりません。**心が動かなければ、人は行動しません。**その心の動かし方についても本書では書いていきますので、ぜひご活用ください。

本書の構成について

本書の構成は、「子どものタイプ別対応方法の理解」→「賢い子は何が賢いのかの理解」→「小学生の勉強法の体系の理解」→「小学生に必要な様々な勉強法」→「親に必要な心得」→「小学生によくある質問」となっています。

●チャプター1：子どものタイプ別対応方法の理解

まずは、**子どもがどういうタイプか**を理解しましょう。そうしないと、アプローチ方法を間違え、成果が出るどころか悪化する場合があります。「勉強しない子→勉強させる」という単純対応をしてしまうと、とんでもない結果になることがあります。タイプによって「ハマりどころ」が異なるのです。全ては子どものタイプを理解することから始まります。

●チャプター2：賢い子とはどういう子なのか

本書は勉強法の本ですが、ただ勉強する子になってほしいというだけではなく、「賢い子」にしたいという願いにも応えることを目指しています。

2020年から新しい教育が始まり、従来型（平成まで続く昭和型）の教育を受けてきた親にとって、驚くことが多いでしょう。「賢い子」の定義も変わりました。本当の「賢さ」を手に入れると、2020年以降の教育でも、従来の偏差値型の教育でも、ある意味「ラク」に学ぶことができるようになります。

そしてこの「賢さ」は、日常の対話から作ることができます。そこで、「**賢い子とはどういう子なのか**」とともに、「**どのような日常の対話をすると賢い頭脳が作られるのか**」についてもお伝えします。

●チャプター3：小学生の勉強法の公式

いよいよ本題の登場です。ここでは具体的な勉強方法を知る前に、全体像を知ってもらいたいと思っています。公式の要素は全部で3つあります。**「基礎トレ」「思考力・表現力」「楽しむ仕掛け」**です。これを日々の家庭生活に取り入れてしまいます。机の上で勉強することも大事ですが、それだけが勉強ではありません。どちらかといえば、机の上以外で学ぶ方が、圧倒的にその後の子どもの能力開発に影響を与えていきます。

●チャプター4：「覚え方」「問題集の使い方」

「覚え方を教えてもらったことがない」これは多くの方にとって共通の認識でしょう。**覚え方を知らないのに、覚えられるわけがありません。**だから、書いて覚えるとか読んで覚えるなど闇雲にやってみて、結果として点数が取れないことで、「やってもしょうがない」という言葉が子どもから出てきたりします。また、問題集の使い方も子どもたちは知りません。ですから、1回やったら「問題集をやった」つもりになっていることがあります。これは「やった」とは言いません。**問題集は3回転しなければ効果は出ない**ため、そのような原則もお子さんに教えてあげてください。

●チャプター5：「作文」「読書感想文」の書き方

1年生から作文を書かされますが、書き方は教わりません。行頭は1文字落とすとか、気持ちを書くとか、そういうのは「書き方の指導」とは言いません。**どのような作文がよい作文とされているのか**、そのポイントは何なのか、それを教えてあげることが重要です。ここでは作文と読書感想文のフレームをお伝えするので、お子さんに教えてあげてください。

●チャプター6：科目別の勉強方法

国語、算数、理科、社会の科目別の勉強法についてお話しします。ただし、理社については中学受験に向けての勉強は別として、通常の勉強のように、問題集を買ってきて勉強するのとは少し違うことをします。家庭でできる理科、社会の力を伸ばす方法について書いていきます。直接的に問題集で勉強する以上に、重要なお話です。さらには、新しく加わった英語とプログラミングについて、学びの内容と楽しむポイントにも触れます。

●チャプター7：親に必要な心得

子どもが21世紀に求められる人物になるために、親はどのようなマインドでのぞめばよいか、しかも親もハッピーでいられることを願い、まとめました。

＊

本書ではかなり多くの内容について書いているので、できれば次のように使っていただければと思います。

❶チャプター1から順に読む

順番に読まれることで、理解が「全体→部分」と進むように書きました。

❷3回は読む

3回も？　と思うかもしれませんが、1回目で「全体の印象」が、2回目では「目立つポイント」が、3回目でようやく「自分が実践できること」が明確になっていきます。

❸全部を読んでも、全てを実践しない

重要ポイントにはマーカーを引いたり付箋を貼ったりしますが、その数が多すぎると、どれが本当に大事かわからなくなります。同様に、あれもこれも一気にやろうとすると、行動できなくなってしまいます。ですから、やってみたいことを「最大3つ」に絞ってみてください。1つでもいいです。1つでも実践すると、何かが変わっていきます。

これからお子さんが毎日、学びは楽しい、面白い、自分ってすごいと思えるよう、本書をご活用ください。

横浜みなとみらいのカフェで

石田勝紀

注意

この本は、親が読んで子どもに適用する本です。子どもに対するアプローチ方法をたくさん入れていますので、決して子どもにこの本を読ませないでください。手の内がバレバレになります。

小学生の勉強法★目次

この本で使われるしるし
…親のことば
…子どものことば

Chapter

1

親子のタイプ、組み合わせを知ってから対応しよう

親子のタイプ、組み合わせを知ってから対応しよう

人は大まかに
マルチタスク型と
シングルタスク型に
分けられます

マルチタスク型

特徴：比較的に満遍なくマルチにこなすが、
1点への集中力がない。

価値観：損か得か

シングルタスク型

特徴：好きなことへの集中力は抜群。
それ以外のことは後回しにしがち。

価値観：好きか嫌いか

けんとは
シングルタスク型
かしら

好きな教科
しかやらないし

集中力が…

みらいは
マルチタスク型
だろうな

この型は
親にも当て
はまりますよ

えっ！

それでは
2つのタイプの特徴と
対応方法について
詳しく説明しましょう

第１節

まずは子どものタイプを知ってから対応する

初めに、「子どものタイプを知る」というお話から入ります。小学生の勉強法というと、「算数はどうやって勉強するの？」とか「漢字はどうやってマスターしていくの？」と聞きたくなるかもしれませんが、いきなりそのQ＆Aから入っていくと、大きな間違いをおかしてしまう可能性があるのです。

というのも、子どもも親も、ある一定の人間の型というものを持っていて、その型を知ってから子どもにアプローチしていくと、スムーズに子どもが受け入れていくからです。「集中力があるかないか」「子どもの才能をどうやって見つけていくか」といったことも、親はどのようなタイプなのか、子どもはどのようなタイプなのかを理解してから、小学生の勉強法を適用していくと効果は倍増します。

では、話を始めましょう。

これまで３５００人以上の子どもたちを直接指導してきた経験から、人間には大きく分け

子どもの価値基準を分ける2つのタイプ

ハマるための入り口が違う

マルチタスク型

【価値観】
損か得か
【重視するもの】
仕組み、方法、ノウハウ

シングルタスク型

【価値観】
好きか嫌いか
【重視するもの】
好きなこと

て2つのタイプがいるということがわかりました。

1つ目のタイプを「マルチタスク型」といいます。**もう1つのタイプを「シングルタスク型」**といいます。マルチタスク型は、企業内でいうジェネラリストで、シングルタスク型はスペシャリストのようなイメージです。

「マルチタスク型」とは、その名の通り、比較的なんでも満遍なくマルチにこなしていきます。中学校で全科目満遍なく点数をとって、内申点が高い生徒はこのタイプが多いです。満遍なくできるということは裏を返すと、一点への集中力がなく意識分散型ということでもあります。集中力がない場合、子どもの頃は、「すぐ気が散る」と言われ、短所のように扱われますが、大人になるとそれは短所ではなく、長所であり、「才能」であることに気づかされます。そして、それが将来の職業とも関係している場合があります。気づく力があるため、マルチタスク型はリーダー的存在であったり、集団をまとめる人、店長や先生に向いていたりします。

例えば、学校の先生は約40人の子どもたちを相手に指導します。もし集中力のある先生であると目の前の生徒しか見えず、全体の子どもたちの変化に気づくことは難しいでしょう。マルチタスク型は、集中力がないからこそ気づくことができるという才能を持っているのです。しかし、子どもの頃は、集中力がないことがデメリットになることが少なくありません。勉強は集中力が求められるからです。

そして、このマルチタスク型の行動基準、価値基準は「損得」である傾向にあります。損か得かを判断基準として動くことが多いのです。損得で動く子は、無駄が嫌いで、「面倒くさい」という言葉をよく発したりします。しかし無駄が嫌いであるということは「効率性を好む」ということを意味します。ですから、方法論、やり方、ノウハウ、スケジュールなどが大好きです。秩序を好む傾向にあるのです。合理化でき、自分が得するということがわかれば、動くのです。ですからマルチタスク型の子の場合は「**スケジュールを作り、勉強のノウハウを教え、それをすることによってどれだけ〝得〟なのかについて話をする**」と、本来のマルチぶりを発揮し、学校の成績も満遍なく取れるようになっていったりします。

もう1つのタイプである「**シングルタスク型**」は、一点集中型で、集中力は抜群にあります。しかし、対象以外の周囲はあまり見えません。このタイプの行動基準、価値基準は「好き嫌い」です。好きか嫌いかを判断基準として行動します。ですから好きなことは徹底してやるけど、そうでないことは後回しにするかやらない傾向にあります。もし、好きの領域に「知識」が入っていれば、どんな知識でも習得し、学校内でトップレベルにいきます。難関校のトップ層の多くはこのタイプです。テレビ番組のクイズ王である東大生が、芸能情報、スポーツ情報など、なんでも答えていく姿、あの姿こそが、シングルタスク型で知識が好き領域に入ったケースと考えていいでしょう。

しかし、子どもたちにとって、知識を獲得する勉強は好きではない領域に入っていることが多く、そのため、いきなりしたくない勉強から入ると反発を招くか、放棄することになりかねません。これは特にシングルタスク型の子どもに顕著なのです。しかし、それでも、子どもにとって勉強はしなければならないことの1つです。

そこで、シングルタスク型の子の場合は、「**勉強の中でも、比較的してもいいと思える科目や分野から始める**」ということをします。好きなこと、してもいいことをすることで、心が満たされると、好きではない領域もしてもいいという状態へと移行していく場合が少なくありません。損か得かという話をしても、このタイプには響きません。

もちろん人間のことですから、この2つの価値基準（損得基準と好き嫌い基準）は誰もが持っていますが、どちらが優位に出てくるのかということで分類されます。例えば、お店でランチをする際、メニューを見て注文するときに、値段から見て、その後に食べたいものを選ぶのか、それとも、食べたいものから見て、次に値段を見るのかの違いです。どちらが優位かというのはこういうことです。

第2節

それぞれのタイプの特徴

では、ここであらためて、「マルチタスク型」と「シングルタスク型」を整理していきましょう。マルチタスク型の子どもとシングルタスク型の子どもへはそれぞれどのように対応したらよいかについてもまとめておきます（24ページ参照）。マルチタスク型もシングルタスク型も、それぞれ程度に濃い、薄いがあるため、厳密にはさらに詳しい対応方法があるのですが、ここではざっくりと、簡単にご説明しておきますね。

険悪
イヤ イヤ キライ
キライはやらなくていいという理由にはなりません!!
ゼッタイイヤ!!

それぞれのタイプの特徴と対応方法

特徴

タイプ	マルチタスク型	シングルタスク型
集中力	集中力は続かず、意識分散型	好きな領域には集中力が非常に発揮されるが周囲は見えない
価値観	好き嫌いよりも損得で動く	好き嫌いがはっきりしているため、したいこと・したくないことがわかりやすい
言葉	面倒くさいという言葉をよく使う	そもそも面倒なことはしない
枠	仕組みや秩序を好む	仕組みのような枠にはこだわらない
才能	目に見える好きなことよりは、その背景（なぜそれを好むのか？）に才能があったりする	目に見える好きな領域に才能がある場合が多い
職業	集団をまとめる才能がある リーダーに向いている	専門職やニッチな仕事、新しく仕事をクリエイトする起業に才能がある

↓

対応方法

	マルチタスク型	シングルタスク型
集中力	・集中できる時間単位で時間を切っていく ・10分しかもたないのであれば10分で完結できるモデルを作る ・周囲に気が散るものを置かない	好きな領域はハマるため、好きな領域から始めていく。好きではない勉強の場合は、勉強の中でも比較的してもいい領域から行う。または机の上の整理整頓からでもよい。
価値観	得することを教えてあげる	好きな領域を大切にしてあげる
言葉	「面倒であれば、面倒にならない方法、楽な方法を考えてみたら」と言ってみる	「面白くないもの、好きではないものがあったら、どうしたら面白くなるか考えてみたら」と言ってみる
枠	仕組み、仕掛け、スケジュール管理、方法を教えてあげる	仕組みのような枠にはこだわらず、比較的自由にやらせていく

自分の子どもがどちらのタイプなのかを知る上で、いくつか注意点があります。

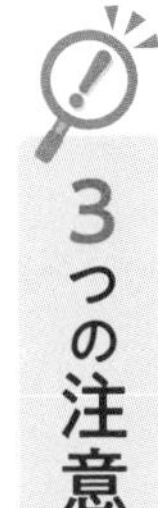

3つの注意点

❶ 10歳までは「シングルタスク型」に見えることが多い

子どもは、生まれてから見るもの、聞くもの初めてのことばかりで、好奇心によって動いています。そのため、様々な経験をすることになるので、「飽きっぽい」「好きなことに熱中する」という傾向を持ちます。ですので、10歳ぐらいまではシングルタスク型っぽく見えます。

❷ 「マルチタスク型」のように振る舞っているが実は「シングルタスク型」の場合もある

今の学校教育はマルチタスク型を養成することを前提としているため、どの科目もできなくては内申点が取れず、レベルの高い公立高校に進学できません。そのため、シングルタスク型でありながら、我慢して全部できるように頑張ってしまう場合があります。もちろんそれはそれで悪いことではありません。しかし一見、全科目できるので、マルチタスク型と勘違いしてしまう可能性があるということです。この場合の判断ポイントは、シングルタスク型がフル稼働して頑張っていると、かなり疲れるということです。マルチタスク型は複数のことをしていても大して疲れません。普通のことだからです。

❸「マルチタスク型」も「シングルタスク型」も良い悪いというのではなく、学力の高低とも無関係

一見、マルチタスク型が優位にあるように見えますが、優劣は全くありません。学力の高低も関係ありません。学力は後々お話する「頭脳のOSのスペック」が関係するのです。ですから、この2つのタイプは価値観が異なっており、それによって、勉強にハマるための入り口（アプローチ）が異なるということで理解しておいてください。

第3節

親子の組み合わせでトラブルが発生する場合がある

実は、この「マルチタスク型」と「シングルタスク型」は、親にも該当します。夫婦でも異なりますし、親子でも、兄弟姉妹でも異なります。人は一般的に、相手は自分と同じだと思っています。特に親は「子どもは自分と同じ」と思っている傾向があるので、様々な軋轢(あつれき)が生じるのですね。

例えば、ママがマルチタスク型で、子どもがシングルタスク型の場合、次のようなことがよく発生します。

「早くやっちゃいなさい。今、やっとけばあとで楽(得)なんだから」(損得基準)

「いや、嫌いだからやらない」(好き嫌い基準)

価値観が全く異なるため、こうして両者はずっと平行線です。平行線であるため、親は力業でやらせていこうとします。するとますます子どもは抵抗し、事態が悪化していくことがあるのです。

一方、ママがシングルタスク型で、子どもがマルチタスク型の場合、これが「うちの子、勉強しなさいと言わなくてもやるのよね～」というケースなのです。

（＊マルチタスク型だから、みんながみんな勉強するとは限りません。逆は真なりではないのです）

第4節 親子の組み合わせによる効果的対応方法

次ページの表のように、マルチタスク型、シングルタスク型と分けて考えることで、これまで疑問だったこと、悩みだったことが解決することがあるのです。そうすると、相手を理解することができ、自分（親）自身もどのようにアプローチしていくことが望ましいかということがおわかりいただけるでしょう。

	マルチタスク 【基本】 自分の仕組みや価値観を押し付けない	シングルタスク 【基本】 自分でしようとせずに、できないことを人に任せていく姿勢を作る
マルチタスク 【基本】 横展開 (様々なことに取り組む。そのため「仕組み・スケジュール」にハマる)	親が子どもに自分の仕組み、方法、やり方、スケジュール管理を押し付けることなく、ヒントを与えて子どものオリジナルな仕組みを作りやすいように支援してあげる。	「親に勉強しなさいと言われなくても子どもは勝手に勉強する」組み合わせ。 従って、親は自分ができない部分はできないままでよく、親ができないことを子ども自身ですることがある。子どもの自立に任せていくとよい。
シングルタスク 【基本】 縦展開 (「好き」の深掘りをすることで、能力の水平展開の可能性がある)	このパターンが最も問題を引き起こす組み合わせ。 相談件数の中でもこの組み合わせが最も多い。 子どもの「好き」を大切にしてあげていく。そこから好きの領域を広げるのではなく、「好き」を深く掘り下げてあげる。その結果、興味の範囲が広がっていくこともある。	お互いの「好き」領域が違うことを認識し、相手の「好き」な領域を尊重してあげることで、多様な世界が家庭内に生まれてくる。 逆に、親が自分の好き領域に興味を示さない子どもに対して強制することをしてしまうと、事態は悪化していき、家庭内は険悪なムードが漂う。

コラム

子どもの「認知特性」とは

チャプター1では子どものタイプを「マルチタスク型」と「シングルタスク型」に分けて説明してきましたが、これとは別に、**「認知特性」**というものがあります。認知特性は、マルチタスク型、シングルタスク型とは関係がなく、私は「目から入力型」と「耳から入力型」というふうにざっくりと分けて捉えています。

認知特性をもう少し詳しく説明すると、目で見る、耳で聞く、手で触れるなどの感覚器を通じて入ってきた情報を、記憶したり理解したりして表現する能力のことです。たとえば何かを覚えようとするとき、見て（黙読して）覚える人もいれば、口に出して（音読して）覚える人、書いて覚える人もいるなど、人によって異なります。表現するときも、しゃべるのが得意な人、書いて伝えるのが得意な人、絵で表すのが得意な人などさまざまです。

こうした特徴から、大きくは**「視覚優位」「言語優位」「聴覚優位」**の3つに分けられていて、私が言った「目から入力型」は「視覚優位」と「言語優位」、「耳から入力型」は「聴覚優位」にあてはまります。
学校の授業やYouTubeというのはうまくできていて、教科書やテロップは「言語優位」に、先生の板書や動画の映像は「視覚優位」に、先生の口頭での説明や動画の音声は「聴覚優位」に、というように、それぞれ3つの認知特性に対応しています。

ただ、認知特性とはあくまで自分の中で何が優位なのかというだけであり、どれがよい悪いとか、どれが優れているというものではありません。また、どれか1つの特性に特定されるとは限らず、重なっている部分を持つこともありますすし、すべてのバランスがとれている人もいるでしょう。あくまで**自分はど**

れが優位なのかを知って、得意な部分を活用しつつ、そうでないものを補助していくことが重要なのです。

聴覚優位の子には音読をさせたり、視覚優位の子には図式化して説明したりというように、本人に合ったやり方をすれば理解を助けることができます。逆に、どんなに優れたツールであっても、聴覚優位の子に書き取り式のドリルをさせたり、言語優位の子に音声教材で学ばせたりということをしても、思ったように効果が出ないことになります。認知特性には偏りがあるものだということを知り、その上で子どもにアプローチしていくという視点が重要なのです。

6つの認知特性

視覚優位	カメラタイプ	見たものを写真をとるように画像でとらえて理解する。 そのまま記憶するのが得意で、長く覚えている。
	三次元映像タイプ	見たものを空間や時間軸を含めて理解する。 初めての場所でも道順を覚えたりするのが得意。
言語優位	ファンタジータイプ	文字で読んだものを映像に置き換えて理解する。 イメージしたことを言語化するのも得意。
	辞書タイプ	説明文など読んだものをその言葉のまま理解する。 図やグラフにするなどの情報処理能力も高い。
聴覚優位	ラジオタイプ	文字や文章を「音」として耳から入れ、理解する。 読んで覚えるより、聞いて覚えるのが得意。
	サウンドタイプ	音色や音階などを言語に置き換えずそのまま理解する。 外国語の発音などを身につけるのが得意。

参考：本田真美『あなたの才能が10分でわかる40問テスト』、自由国民社（2013）

Chapter 2

賢い子にするための
頭脳のバージョン
アップの方法

賢い子にするための頭脳のバージョンアップの方法

2020年以降の新しい教育モデルをご存知でしょうか？
2020年以降の新・教育モデル
実践力
・自律的活動力
・人間関係形成力
思考力
・問題解決
・発見力
基礎力
・言語スキル
・数量スキル
・情報スキル
ほぇー
この中に「思考力」という項目がありますね
AIの活用など変化の激しい時代を生き抜くため、これから求められる能力は「考える力」なのです
「考える力」のある子が賢い子ってことですか？
その通り
それでは賢い子にするための実践方法について説明していきましょう！

第1節

2020年以降の新しい教育で求められる能力 ～考える力～

2020年を境に、日本の教育が変わったことはもう周知の事実でしょう。**2020年に小学校で、2021年に中学校で、2022年以降、高等学校で段階的にカリキュラムおよび教科書が変わりました。**詳しい変更内容については、拙著『AI時代を生きる 子どもの才能を引き出す「対話力」』（ビジネス社）をご覧いただくとして、ここでは左ページの図（39ページ）に基づいてご説明します。

この図は、文部科学省が発表している、2020年以降の新しい教育モデルです。これに基づいて各教科の設計がされ、入試が行われます。その中で、「思考力」というものがありますね。これが「考える力」の正体です。ここには「問題解決」「発見力」「創造力」「論理的・批判的思考力」「メタ認知・適応的学習力」と書いてあります。

これらの用語は、一般の企業で社員に求められる能力と変わりありません。つまり、世の中で求められる能力が変わってきたため、これまでの昭和的発想に基づく教育では難しいということになったわけです。

2020年以降の新・教育モデル

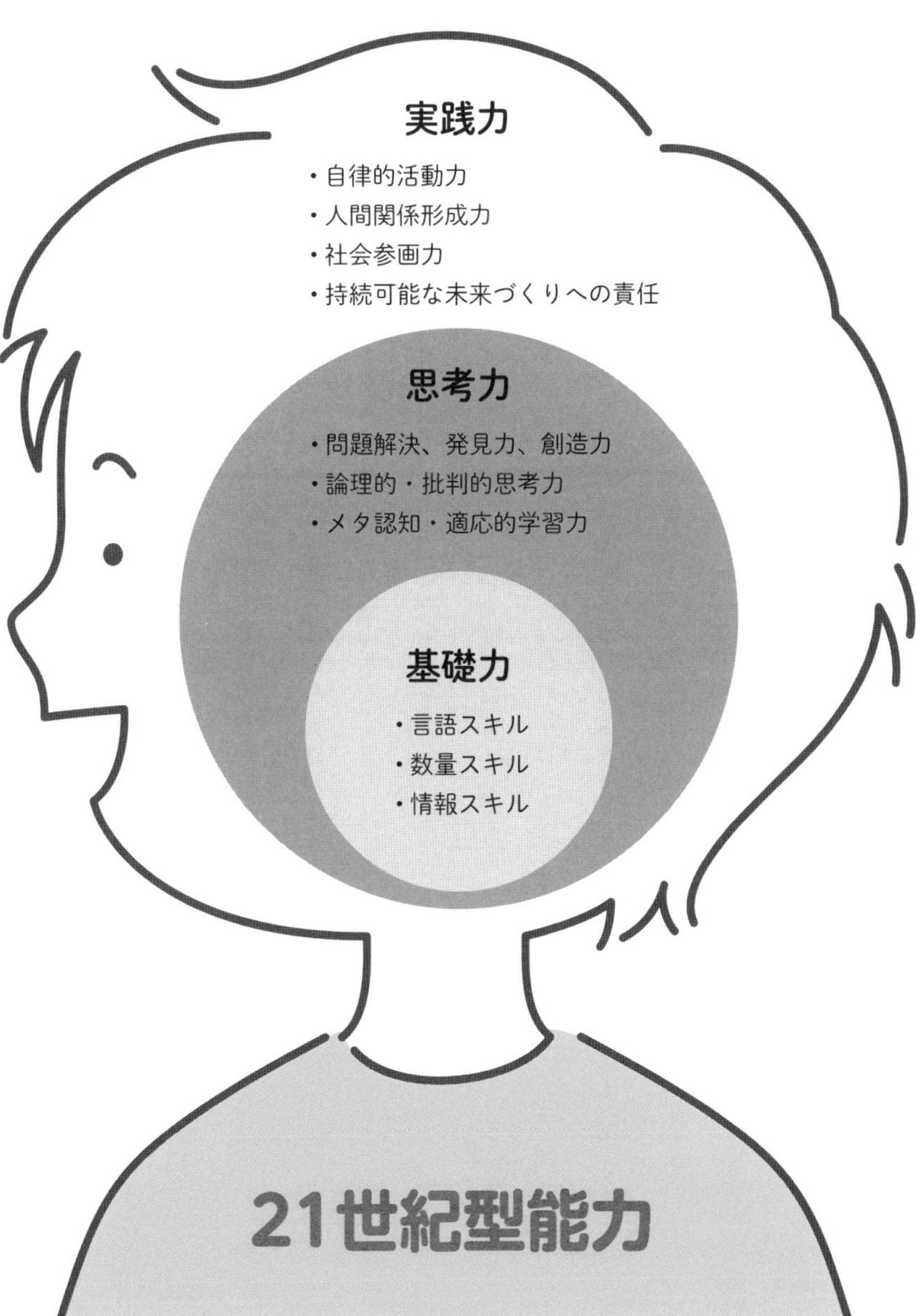

私は現在、一部上場企業を中心に管理職以上の社員を対象として、企業研修を行うことも多いのですが、企業の人事部もこれらの能力を最も重視しています。ということは、すでに始まったAI時代において、社会で活躍する人というのは、この思考力を持ち合わせた人ということになります。そして、思考力は学校の勉強における偏差値にも直結していきます。中学受験をする子で上位のレベルの子と普通のレベルの子との違いは、この思考力の差にあるのです。（誤解がないように言えば、思考力が高い子は昭和、平成の時代でも学力は高かったのですが、令和の時代は、それを全ての子どもたちに身につけてもらいたいということで、あえて前ページ図のような「21世紀型能力」と銘打ったわけです。よくよく考えてみれば、思考力がどの時代も必要なのは当たり前ですが……）

さて、そこで次に問題になるのは、「この思考力をつけるにはどうするのか？」ということです。これは各学校、各先生にお任せになるでしょうが、それだけだと心もとないため、できれば家庭でもつけたいものですよね。

では、その思考力をつける前に、まずは**「賢い」状態とはどのような状態にあるか知らなくてはなりません。**

第2節

賢い子とはどういう子なのか？

賢い子という言葉を聞くと、偏差値が高い子とか、難関校に行っている子とかをイメージするかもしれませんね。それはそれで、間違ってはいないでしょうが、そうすると、偏差値を上げるために勉強すればいいと単純に考えてしまいがちです。もし、勉強すれば誰でも偏差値が上がるのであれば、もっと難関校に合格する子が増え、日本は超難関校だらけになることでしょう。勉強をしても偏差値が上がらない、学力がつかない、合格ができないということは実際によくあることです。それはなぜかというと、「賢い子」の定義を正確に理解していないからなのです。

「賢い子」というより「賢い人」と言い換えたほうがいいかもしれませんが、賢い人にはある際立った特徴があります。それは**「考える力」がある**ということです。

この「考える」という言葉が、これまた〝くせ者〟で、では「考えるって何？」と聞かれて答えられるでしょうか。これまた「考えるとは何か」を教えてもらっていないので、多くの人は答えられないのですね。それなのに、「考えなさい！」と言われてしまいます。でも聞いている側は考えるという意味がわかっていないので、ただ「悩む」のです。多くの場合は、考えているのではなく、「悩んでいる」だけだったりするのです。

では「考えている子」にはどのような特徴があるかというと、彼らは次の2つの力を持っているのです。

❶疑問を持つ力
❷まとめる力

つまり、**賢い子というのは「考える力」を持っている子であり、考える力とは「疑問を持つ力」と「まとめる力」の2つを指すということです。**

では、一つ一つお話ししていきましょう。

❶疑問を持つ力

勉強の世界では「これは何ですか」「これは誰ですか」「いつですか」「どこですか」「（選択問題などで）どっちですか」という質問が大半を占めます。ですから知識教育と皮肉られたり、暗記すればいいんだよねと言われたりします。これらの質問は英語に置き換えると「what, who, when, where, which」です。このようなキーワードを聞かれているうちは「考える」ことはやっていません。ただの知識なので、頭に入っていれば答えられますが、入っていないと「わかりません」となります。しかも、このような勉強は超つまらないというおまけ付きです。

考えるというのは、英語でいえば「why, how」の2つを問うことによってなされるのです。つまり「なぜ?」と「どうする?」という問いです。学校の国語の問題で「筆者はなぜそのように思ったのですか」という「なぜ」に関する質問がありますが、この「なぜ」は文中に答えがあるので、事実上、考えなくても答えが見つかります。

そのような学校でやっている「なぜ」という問いよりは、次のような問いを日常で行うことによって、本来の考える力が養成されていきます。

例えば、「家の住所はどこですか?」と聞かれれば答えられますよね。これは知識なので、頭に入っていれば答えられます。しかし、「なぜそこに住もうと思ったのですか？」と聞かれると「あれ？　なぜだったかな」と〝考え〟ますよね。これを考えるというのです。つまり、人間は普段、物事に疑問を持たず、ワンパターンで生活し、知識や情報をインプットしているものの、疑問を持つという習慣はついていないということなのです。**仮に疑問を持つと、それと関連する知識が入ってきます。さらに疑問を持つことでそれらの知識が記憶されていくのです。**

「1600年に関ヶ原の戦いがあり、東軍である徳川家康方が勝利をおさめました」というのは単なる知識です。単なる知識は面白くもなんともありません。しかし、次のように問われたらどうでしょうか。

「人数が少ないにもかかわらず徳川家康方はなぜ関ヶ原で勝ったのか？」

途端に、興味が湧いてきます。テレビ番組というのはこのように作って多くの人々を惹きつけるのですが、ここには「なぜ」が入っています。すると疑問に思って、調べてみたくなったり、人の話を聞きたくなったりするのです。そして、関心があるので、関連する知識は頭に入ってきます。これを「学び」といいます。

しかも驚くことに、このような疑問を持つことを、いわゆる〝できる子〟は自問自答しているのです。人から問われることなく、人から面白くなるように工夫されることなく、「自分で」疑問を持ち、興味関心を引き出しているのです。

なぜ、そのような子がいるのかわかりませんが、先天的といっていいでしょう。このような子が中学受験塾のトップクラスにいるような子どもたちです。ですから、疑問を持つことを知らず、ただ覚えればいいと思っている子と、そうではない子では勉強に天地ほどの差がつき、それが勉強の世界の天国と地獄を分けていくのです。

❷ まとめる力

まとめる力というのは、抽象的に見ることができる力といってもいいでしょう。**これからお話しすることは、非常に、非常に重要ですので、何回か読み直してくださいね。**これができるようになると、学力は飛躍的に上がります。

はじめに次のようなエピソードをお話しします。

47ページの図を見てください。下の方にあるのが具体的世界です。具体的世界は、比較争いが起こります。例えば、山田さんがチワワを飼っているとします。そして石川さんもチワワを飼っているとします。すると山田さんは、「うちの子（犬）の方が可愛い」と比較するようになります。しかし、山田さんのチワワも石川さんのチワワも、「チワワ」であることに変わりがありませんね。

今度は、山崎さんが飼っているトイプードルが登場します。すると、山崎さんは、山田さんのチワワと比較して、「何あのうるさいキャンキャン吠える犬。うちのトイプは吠えないし、おもちゃみたいで可愛いし」と言ったりします。またしても、比較です。しかし、チワワもトイプードルも「小型犬」です。同じですよね。さらに今度は、木村さんが飼っている「ゴールデンレトリバー」が登場します。すると、トイプードルを飼っている山崎さんは、「何、あの大きい犬、餌代かかるし、よく飼うわ」とまた比較が始まります。しかし、トイプードルも、ゴールデンレトリバーも、「犬」ですよね。このようにして、「チワワ→小型犬→犬」と上がっていくことを「抽象度が上がる」といいます。さらに上げていくと、「犬→哺乳類→動物→生物」と上げてい

思考するときの視点の違い
抽象的世界
[大分類で比較]
… 犬じゃん
高
まとめる力
低
犬
小型犬
大型犬
同品種
うちの子の方が カワイイ
具体的世界
[個々を同列で比較]

くことができますね。この抽象度を上げていくことは、言い換えると「まとめる力」が上がるといいます。

この力がつくと、上から見ることができるので、下は全部同じに見えますし、違いもわかるのです。ここが重要です。上から見ると「同じ」ことがわかり、「違い」も見えるということです。これが賢い子や賢い人の特徴なのです。

これを勉強に置き換えましょう。抽象度の高い子は上から見ることができるので、例えば国語の文章であれば、言葉が違っていても、段落内の文章は全て同じことを言っていることが理解できます。そうでない子は、使われている言葉が文章によって違っているため、「違うもの」と見てしまいます。また、算数では、(1)から(10)まで問題があったとして、抽象度の高い子は、これらは実は同じ問題であると見えているのですが、そうでない子は、すべて違う問題に見えてしまうため、すべての問題を覚えないといけないと思ってしまうのです。

だから、賢い子は、全教科できます。**何をやらせても共通項を見出す速度が速いのです**。ですから、同じ時間勉強していても、抽象度の低い子は勉強しているわりに点数につながらないということになるのです。

いかがでしょうか。上から見ると下は、共通部分がわかり、しかも違っている部分もわかる。下にいると、共通部分は見えず違いしかわからないということなのです。これが賢いという正体です。

第3節

頭脳のスペックを引き上げるマジックワード

これまでのことをまとめましょう。

賢いとは「考えることができる状態」をいい、考えるとは「疑問を持つ力」と「まとめる力」の2つを備えた状態ということです。つまり、「疑問を持てるような子になる、まとめることができる子になる」＝「賢い頭脳を手に入れた」ことになります。

では、ここでその2つの力を家庭で簡単に養える魔法の言葉（マジックワード）についてご紹介します。この2つの力を引き上げるための「問いかけ言葉集」です。効果はこれまでの数々の実践例で証明されていますので、100％確実とまでは断言できませんが、ある程度の効果を見込むことができると思いますので、ぜひ使ってみてくださいね。

疑問を持つ力に関係する言葉は3つあります。この3つは英語でいう「why」「how」に関わる言葉です。**「なぜだろう？」**と言えば、そこに意識が向きだします。この力は原因分析力を養成します。**「どう思う？」**と言えば、自分の考えや感じたことを言語化することになり、

頭脳のスペックを引き上げる５つのマジックワード

考えをまとめさせるkeyword		
要するに？	→	抽象化思考力
例えば？	→	具体化思考力

疑問を持たせるkeyword		
なぜ？	→	原因分析力
どう思う？	→	自己表現力
どうしたらいい？	→	問題解決力

自己表現力につながります。**「どうしたらいい？」**は問題解決力につながります。

このような言葉は、あえて問いかけてあげないと、通常は子どもは自分ではできません。しかし、賢い子というのは、これが自問自答できているから恐ろしいものです。これまでたくさんの子どもたちと出会ってきましたが、勉強ができる子たちは例外なく、このマジックワードを自問自答できる子たちでした。ほうっておくと自分ではできない子が多いため、周囲の大人（親や先生）がこのようなマジックワードを使って質問してあげると、子どもたちは「考え」だします。

はじめのうちは、問いかけても「ん〜、わからない」と返事したり、無言だったりするでしょう。しかし、それでも構いません。「ん〜」の部分や無言の時に「考えて」います。**考えた結果の答えはどうでもいいのです。頭脳は動いてさえいれば、内容は問いません。そのようにして行っていくことで、やがて、自然と疑問を持つようになります。**するとそれが、勉強をしている時に自動的に起こります。ここが重要なのでもう一度言います。日常生活で行っていると、「自然と」勉強でも行うようになるのです。

まとめる力を引き出すためには、**「要するにどういうこと？」**と聞いてあげるといいでしょう。この「要するに」というワードを使うと、人はまとめだします。つまり、木でいうと枝葉を削ぎ落として幹の部分だけを残すようになります。これが国語でいう「要約」です。要約しなさいと言われると「わからない」「難しい」となりますが、「要するに何を言っている？」と聞くと答えられるから不思議です。ぜひ、試してみてください。

さらに、その反対の具体的思考力も引き出してしまいましょう。そのためには**「例えばどういうこと？」**と聞きます。すると、同じような事例を引き出してくることでしょう。この同じような事例というのが重要なのです。同じ事例が引っ張り出せるということは、「抽象」が理解できていることを意味しますから。

ですから、まとめる言葉の「要するに？」と、似たような事例を引き出す「例えば？」という2つの言葉を語りかけることで、子どもは自然に抽象と具体の往復ができるようになり、頭脳のスペックが上がっていきます。

５つのマジックワードを書きましたが、注意点が６つあります。この６つの使用上の注意をよく読んでからお使いください。

５つのマジックワード使用上の注意

❶子どもの年齢（精神年齢）に応じた使い方

言葉の理解度に合わせて使ってください。例えば「要するに」の意味がわからないのに使っても意味がありません。この言葉は意味がわかるような年齢になってから使うといいでしょう。

❷子どもが「わからない」と答えた場合

問題ありません。先ほども書いたように、問われた段階で一瞬でも意識はその言葉に向かって、考えています。

❸子どもが乗ってこない場合

その場合は、親が自分の考えを言うだけでいいでしょう。

❹勉強と思わずに使う

このようなマジックワードは、子どもの能力開発のために使っているという意識をなくしましょう。もちろん裏の意味として頭脳のスペックをアップデートするという目的はありますが、表向きは会話を楽しむように使ってください。勉強と思うと子どもは嫌がります。

❺頻繁に使わない

頻繁に使っていると、そのことに対して子どもは嫌悪するようになります。適度に使ってください。

❻5種類全てを使おうとしない

5種類は連鎖しているため、使いたい言葉を適度に使ってみるといいでしょう。

5つもあると大変という人は、2つだけまずは使ってみてください。それは「なぜだろう?」「要するにどういうこと?」の2つです。これだけでもかなりの思考が作られていきます。

第4節

頭脳のスペックを引き上げるための家庭での実践活動

ここでは実践的にどのようにして、これらの言葉を家庭で使っていくかお話ししましょう。

頭脳のスペックを上げる5つの問いかけとは「なぜ？」「どう思う？」「どうしたらいい？」「要するに？」「例えば？」でした。

…親のことば　…子どものことば

case 1 「なぜ？」

「なぜ信号機の真ん中は黄色なんだろう？　しかも世界中どこも同じ、なぜ？」

「ポストはなぜ赤いの？」

「コンビニのレジの横に『おでん』があるけど、なぜフタをしていないときがあるの？
ホコリが入って汚いんじゃないの？」

と、このように身近に無数にある「なぜ」を時折、問いかけると「なぜだろう？」ということに意識が向かいますね。ＮＨＫの『チコちゃんに叱られる！』という番組を見ていると、まさにそういう「あ、そういえばなぜだろう？」という疑問に意識がいきますよね。そのように「なぜ」と疑問を持たないと「ボーっと生きてんじゃねーよ！」と言われるのです。

本当に多くの人はボーっと生きているのかもしれません。しかし、このような問いかけが日常において、さりげなく行われていると、いつしか、「なぜ、この戦いが起こったのだろう？」「なぜ水に入ると体が軽くなるのだろう？」「なぜ、この問題は難しいのだろう？」

赤いのなんでだ？
上野動物園にはパンダのがあったよ!!
きっと何色でもいいんだよ
わかりやすくするために赤なんです

「なぜこの登場人物は、このようなことをここで言うのかな？」など、勉強の世界に「なぜ」が入り込んでいくのです。

日常において、思考習慣ができていないのに、勉強の時だけ都合よく思考が動くはずがありません。ですから、ほんの些細な日常の「なぜ」を積み重ねていけばいいでしょう。ついでに親の視野も広がりますよ。

case 2 「どう思う？」

「このレストランどう思う？」

「この料理どうだった？」

「(兄弟姉妹で喧嘩した時)あなたはどう思ったの？」

「(いい話を聞いた時や嫌な話を聞いた時)どう思った？」

など、日常のあらゆる場面で「どう思う?」は使えます。親の思いを実現させるより、子どもにどうしたいか、どう思うかを聞いていくことで、自己表現ができるようになっていきます。**自己表現をするには、考えなくてはなりません。**

しかし、ここで困った問題が起こります。それは、「どう思う?」と聞くと「よかった」「楽しかった」「つまらなかった」程度の返答しかないということです。子どもはだいたい、このように言います。なぜかといえば、おおかた次の3つの理由によります。

❶ボキャブラリーが少なすぎるため表現できない（つまり言葉知らず）
❷考えるのが面倒くさい（つまりいい加減）
❸未就学児以来の会話パターンがそのまま反射的に出てくるだけ（つまり幼稚）

なので、次のように問います。「どういうところが楽しかった?」「どういうところがつまらなかった?」

このように深掘りをするのです。そう問われると、さらに表現をしなければならないため、「考えて」しまうのです。

「どうしたらいい?」

「(子どもの喧嘩で)じゃ、どうしたらいいと思う?」

「どうやったら嫌な宿題をやれるようになるかな?」

「(遊んでばかりで勉強する時間が全くない状況で)どうしたらいいかな?」

「(習い事がたくさんあってつらいとき)じゃ、どうしようか?」

など、ネガティブな出来事があったときがチャンスです。さらに、「(親が困ったことがあって)どうしたらいいかなぁ」と子どもに聞いてしまうという方法もあります。子どもは親に頼られると自立的になったりするものなのですね。この「どうしたらいい?」という問いかけは、多くの場合、子どもが親にしているのです。すると親は答えてしまいます。子どもの頭脳のスペックを上げるための、せっかくのチャンスなのに、親が答えてしまう。だから親が子どもに鍛えられているともいえます。もし、子どもに「どうしたらいいの?」と聞かれたら、まずは「どうしたらいいと思う？」とオウム返しします。

親が答えるのではなく、まずは子どもに考えさせます。それでも「ん～わかんない」となります。先ほども言いましたが、「ん～」の部分で考えているのです。それがあれば徐々に考える力、表現する力がついてきます。

ですから、そうなって初めて親は「こうしてみれば～」と答えても遅くはないでしょう。このような「どうしたらいいだろう？」の思考習慣ができると、今度は勉強の世界で使えるようになります。算数の問題を解いていて、「どうすればいいだろう？」、テストが返ってきて、「どうすればこの科目の点数は上がるかな？」などです。

普段から、親がこうすればいいと指示ばかりしていると、子どもは自分で考えることをしなくなり、勉強の時も、自分でどうしたらいいかと考える習慣がないので、そのままの状態で良しとしていきます。ですから、自分のことは自分で考えて実行する、そんな子にするには、日頃からこの問いかけをしていくといいでしょう。

「要するに？」

「この変な生き物ってさ、要するに何だろう？」

「この本って、要するに何が言いたかったのかな？」

「（テレビを見ていて）この人の話していることって結局何が言いたいのかなぁ？」

「（電車の中の乗客を見て）どんな点が共通しているかな？」

といった感じで使うことができます。

「要するに」という言葉は、共通点を見出すための言葉でもあります。共通点を見出せると、まとめること（抽象化）ができます。ですから、共通点を見出すような問いかけでも構いません。

case 5 「例えば？」

「（学校で良いことがあったと言われたら）例えばどんなことがあったの？」

「このボールペンって、例えばどんなことに使えると思う？ 10通り出してみよう」

「このパフェ、今まで食べたどこかのパフェに似ていない？」

例えばという言葉は日常会話で結構使いますが、似たような事例を探す場合、共通点を理解していないと、具体例は出せません。ですから、この「例えば」という言葉は、「要するに」という言葉と表裏一体です。「要するに⇅例えば」の往復ができる思考ができれば、最強になります。すると、勉強の時に、自分で共通部分を見つけていったり、わかりやすく理解するために、自分で具体例を考えたりします。これがいわゆる〝賢い子〟の頭脳の中で起こっていることなのですね。

Chapter

3

小学生の
勉強法の公式
【親がブレなくなる方法】

小学生の勉強法の公式【親がブレなくなる方法】

小学生の勉強法の公式
基礎トレ（ソフトウェアに相当）
思考力・表現（OSに相当）
楽しむ仕掛け
そこで！
頭脳スペックを上げて楽しく学ぶコツがあります！
それが小学生の勉強法の公式です！
基礎トレがソフトウェアに思考力・表現力、OS？
OS
例 Windowsなど
ソフトウェア
例 Word、Excelなど
パソコン用語ですよね？どういう意味ですか？
ソフトウェアは科目、OSは子どもの地頭とイメージしてみてください
国語2年生
算数2年生
それでは、小学生の勉強法の公式について詳しく説明しましょう！

第１節

小学生にはなぜ勉強法がないのか？

『中学生の勉強法ver．2.0』（新興出版社）という本を出しています。その本では、学校の定期テストで高得点を取る人がしている共通した勉強方法を公開しました。中学生の場合、勉強方法は簡単で、一部の例外を除き、全国ほぼ一律同じやり方で高得点が取れます。しかも中学校の内申点（学校成績）が高校入試に影響したり、定期テストの積み上げによって入試の実力がついたりすることもあって、定期テストは重要です。ですから中学生の多くは勉強しなければならないという意識があり、また年4～5回の定期テストという勉強のゴールがやってきます。人は、ゴールが設定されると、少なくとも直前はやる気になります。その時になって、「高得点を取る方法があるよ」と言われるとやってみたくなるものです。

しかし、小学生はどうでしょうか。ゴールがありませんね。中学受験をするのであればまだしも、そうでなければやる気など起こるはずもありません。さらに、勉強法なんて必要なく、日々、言われたことをしていればいい、宿題だけしていればいい、なんとなくお茶を濁していればいい、という状態で小学校時代は過ごしてしまうものです。もちろん、それはそれでいいのかもしれませんが、せっかくの6年間、もったいないと思うのですね。私は、これまでたくさんの小学生を教えてきましたが、彼らの6年間における成長と頭脳のスペック上昇を、上手に引き出してあげると、中学、高校、さらには社会人になった時にも影響を与えていくことがこれまでの数々の事例からわかっているので、そう思うのです。

ところが、小学生の勉強法は一般に世に知られることなく、ただ「楽しく勉強しよう」とか「のびのびと学ぼう」というスローガンだけが一人歩きしていて、肝心の頭脳のスペックを鍛えることなく、知識のインプット（詰め込み）で終わることが多いため、残念な結果になってしまっているといっていいでしょう。一番の問題は、勉強は嫌い、つまらないことだと思ってしまう子がたくさんいるということです。それをなくしたいと思い、この本を書いているのですが、勉強はただたくさんすればいいというものではなく、重要な部分だけをおさえて、合理的にすると、日常の生活内でも頭脳のスペックが上がり、学びが楽しくなりだすコツがあるのです。

では、早速、その小学生の勉強法の公式についてお話ししましょう。

第２節

小学生の勉強法の公式

勉強法の公式＠家庭

基礎トレ＋思考力・表現力

×

楽しむ仕掛け

基礎トレ	（レベル１〜レベル10）…ソフトウェアに相当
思考力・表現力	（レベル１〜レベル10）…OSに相当
楽しむ仕掛け	（マイナス10〜プラス10）※ゼロを除く

上に示した公式で、「＠家庭」と書いたのは、この公式は家庭内において有効なものという意味です。学校や塾でもこの公式ができればいいですが、親御さんにとってみれば学校の先生を選択することはできませんし、塾は選択できたとしても、先生によって教え方や考え方が異なるということもあるでしょう。唯一家庭内は、親の思う通りに実践ができる場であるため、この公式の実践は、家庭内で即効果が出ると思っています。

このチャプターでは、順次、「基礎トレ」「思考力・表現力」「楽しむ仕掛け」についてご説明していきますね。

このチャプターが「小学生の勉強法の全体像」です。

さて、もう一度右ページの公式をご覧ください。基礎トレというういわゆる日々のルーチンワーク（定型作業）と思考力・表現力という2020年以降の新しい教育で最も重視される力を鍛えること、この2つが家庭内で行うことです。そこに**「楽しむ仕掛け」が必要になります**。もしこの楽しむ仕掛けがないと、勉強はしているのに、一向に身につかないという状況が起こります。やがて、「勉強はつまらない」「やっても意味ない」「どうせ伸びない」という言葉を吐くようになります。

「学びは楽しいものである」というマインドを小学校時代に作っておくと、一生の財産になることでしょう。ですから、この「楽しむ仕掛け」は掛け算となっているのです。掛け算なので、（基礎トレ＋思考力・表現力）にプラスの気持ち（楽しむこと）を掛けると、数倍にも伸びていきます。

しかし、マイナスの気持ち（したくないけどしなければならないという気持ち）でやると、それが掛けられるため、勉強すればするほど、勉強が嫌いになっていくという恐ろしい結果になってしまいます。ですから、プラスを掛けるのか、マイナスを掛けるのかが非常に大切になるのです。

70ページの表に、基礎トレ＝ソフトウェア、思考力・表現力＝ＯＳ、と書きました。これもイメージとして捉えておいてくださいね。かなり重要です。

ソフトとＯＳというのはパソコン用語です。スマホではアプリとＯＳといいます。ＯＳというのはオペレーティング・システムのことで、例えばWindowsというマイクロソフトのＯＳが有名です。ソフトはこのＯＳの上で動いています。しかし、ＯＳのバージョンが古いと、新しいソフトは動かないかフリーズしてしまうということはご存知だと思います。実は、この状況、人間の頭の中でも起こっているのです。つまり、人間の頭の中にもソフトとＯＳがあり、子どもの場合でいえば、ソフトは、国算理社という科目に当たります。しかもこの科目、毎年バージョンアップしていますね。小3算数、小4算数、小5算数と。これはソフトのバージョンアップです。ではＯＳの方はどうでしょうか。例えばWindowsの初期版ＯＳはWindows95といって、1995年に出たＯＳです。ではそのWindows95に、最新版のソフトであるワードやエクセルはインストールできるでしょうか？　間違いなくインストールできませんね。このような子どもが世の中にいっぱいいるということなのです。

つまり、子どもの頭にもソフトとOSがあり、ソフトである科目の勉強をさせても、OSのバージョンが古ければ、科目のインストールはできないということなのです。このOSは別名で地頭とか言われていますが、OSという言葉の方が、イメージが湧きやすいので、私はOSと言っています。**逆に言えば、このOSのアップグレードをしてしまえば、ソフトは何でもインストールが可能ということになりますね。**

でも、親はすぐにソフトにばかり目がいきます。ソフトのインストールをすれば勉強ができる子になるのではないかと。それはそれで間違っていませんん

が、ＯＳという概念も持っておかなければ、「いくら勉強させても一向にできるようにならないのは、この子がダメなのだ！」と考えてしまうかもしれません。

そこで、「ソフトにあたる、家庭における勉強は何をどのようにしたらいいのか？」「ＯＳを引き上げるために家庭では何をしたらいいのか？」そして、「楽しむ仕掛けを作るにはどうしたらいいのか？」について、これから具体的にお話しします。

第3節 基礎トレ〈重要ポイント＝数値化させる＋見える化させる〉

では、基礎トレからお話ししましょう。これはその名の通り、勉強の基礎トレーニングを意味します。ちょうど、スポーツでいうと「腕立て、腹筋の筋トレ」にあたります。どのようなアスリートでも、日々の基礎トレをやっています。そのような基礎トレ抜きで、いきなり実践練習はしません。なぜなら、それだけ基礎トレが重要であることがわかっているからです。もし意味がないなら、アスリートの世界から基礎トレは無くなっていることでしょう。勉強の世界も同じです。基礎トレがあります。基礎トレとは毎日の作業であり、基本的に例外の日を作りません。そうすると、することが習慣化されるので、努力しなくても基礎トレをするのが「当たり前化」していきます。ちょうど毎日している歯磨きのように。

そこで、「何を基礎トレとしてしたらいいのか？」「どのようにしたらいいのか？」ということですが、私は、次の2つをいつも挙げています。「漢字と計算」。いわゆる読み書きそろばんです。江戸時代以来続く超基礎です。基礎で重要と言われながら、だんだんと軽視されているこの2つですが、やはりかなり重要です。

重要なのですが、たいていは非常に退屈でつまらない作業なので、続かないのです。したりしなかったりと。なぜそうなってしまうかというと、やり方を間違えているということが背景にあります。では、正しいやり方、毎日できるやり方とはどのような方法か、それについてご説明するので、ぜひお子さんと実践してみてください。

漢字の練習

通常はつまらないです。漢字が好きな子を除いて。つまらなくなる理由は2つあります。1つは「ゴールが見えないから」、もう1つは「書いて覚えているから」です。そこで漢字の練習の際は次の2つをおさえておいてください。

❶ゴールが見えるようにする

例えば、小3で漢字をいくつ習うかご存知でしょうか？　おそらく小学校の先生や塾の先生を除いて、大半の大人は知らないことでしょう。もちろん子どももも知りません。小3の漢字は200個あります。しかし、宿題としてただ出されているだけで、それを子どもは日々淡々としているだけ。そのようなことをしていたら、「一体いつまでこれは続くのだろう?」と感じるのも無理はありません。全体像や終わりが見えないことをするほど、つまらないことはありません。

そこで、小3なら、漢字200個を壁に貼って、終わったら赤ペンで消し込み作業をしていきます。すると全体像が見え、終わりであるゴールが見え、今、自分がどこまで来ているのか、あといくつ残っているのかがわかりますね。これが「モチベーション(やる気)」の源泉なのです。よく、「うちの子がやる気にならない」と言う方がいますが、それはやる気になる仕掛けを作っていないことが原因だったりします。

子どもたちがゲームにハマる理由を知っていますか? ハマる理由はいくつもありますが、最も大きい理由の1つに、「自分の成長が『見える化』されている」というのがあります。自分がどのステージにいて、あとどれぐらいやればステージが上がるのかなど、「見える化」させると人はやる気になるのです。しかし、勉強にはそれがありません。だからハマらないとも言えるのです。全体像を示して、終わったら赤で漢字を消していく。すると後いくつで終了ということが見えてきます。この方法をぜひ試してみてください。

漢字には、もう1つゴールを作る方法があります。**それは、「漢字検定」を利用することです。**検定は試験があるので、それをゴールとして勉強すればやる気につながる可能性がぐっと上がります。しかも合格したら、自己肯定感が上がり、不合格でも再チャレンジできます。ゲームも途中でゲームオーバーになっても、子どもたちはまた最初からやりますよね。なぜ勉強はしないのでしょうか。それは再チャレンジがないと錯覚しているからです。成長が「見える化」されていないからなのです。ですから漢字検定のような白黒ハッキリするものを利用する方法もあります。

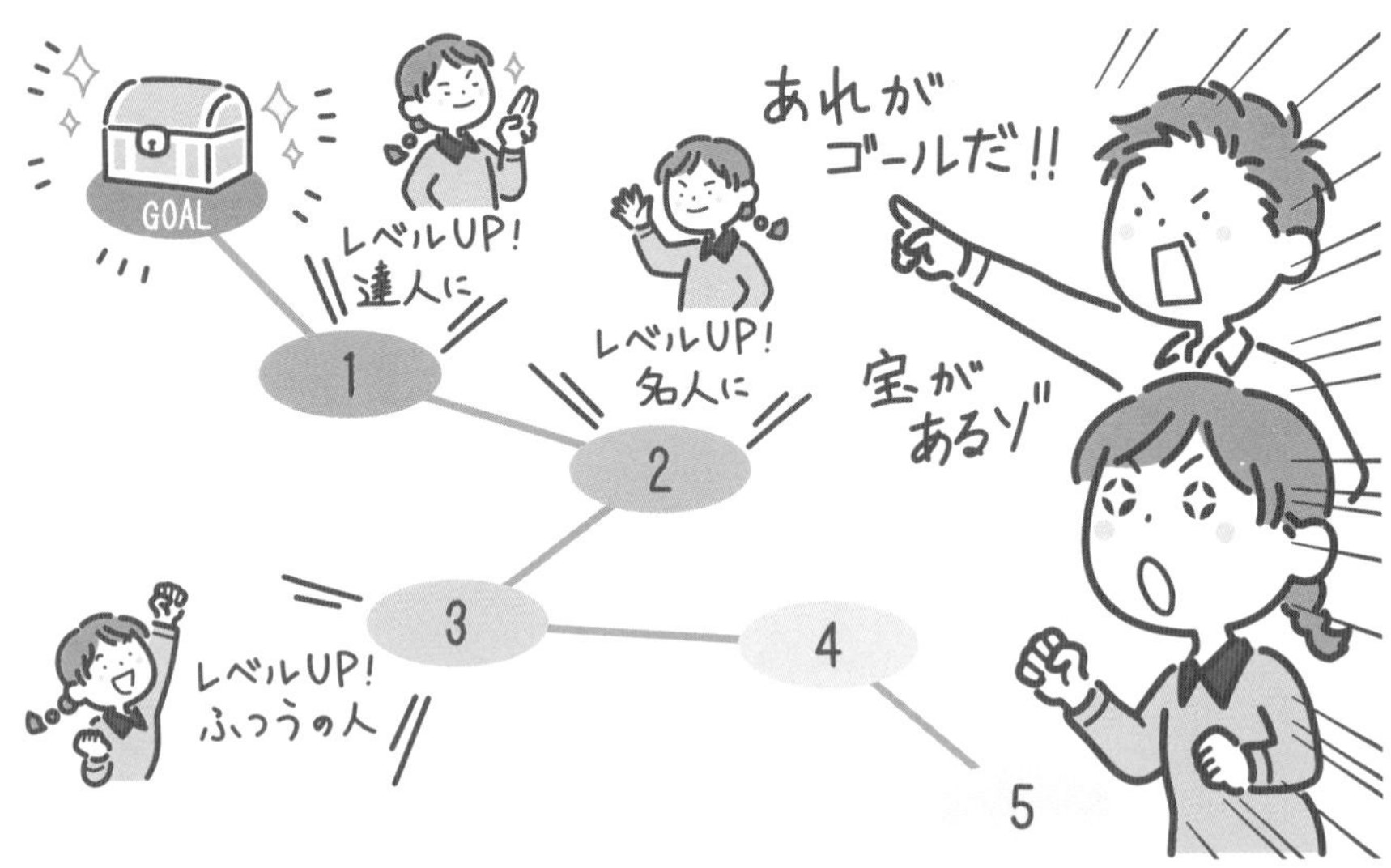

❷「読める→書ける」の順に行う

漢字を学ぶ際に間違ったやり方で学ぶ子が多いことに気づきます。無理もありません。学び方を教わっていないので。一番してはいけないこと、それは「書いて覚える」ということです。小1の時は漢字の部品（部首やつくりに当たる部分）を学んでいるので、字の練習も兼ねて書いてもいいでしょうが、学年が上がるにしたがって、書いて覚えるということは通常しません。正確に言えば、「書いて覚えることは間違いではないが、時間をかけた割にはリターンが少ない方法」なのです。ではどういうことかご説明しますね。

漢字には「読み」と「書き」があります。例えば「客」→「きゃく」という読みができることと、「きゃく」→「客」と漢字で書けることの2つがあります。どちらが簡単かと言えば、読みの方が簡単です。この読みからテストをするのです。**漢字リストを作って、すべて読めるようになるまでテストをします**（通常は3回転で読めるようになる）。

次に、それが終わったら、漢字の書きのテストをします。すると、先に読みのテストをしている時に、何度も漢字を見ているので、いくつかの映像は残っているのです。通常、半分ぐらいは書ける状態から始まります。そしてテストを繰り返します。3回繰り返しても間違えた漢字それだけを5回程度書いて、終了にします。すると書く漢字の量がぐっと少なくなりますよね。始めから漢字を書いて覚えるとなると膨大な量を書かなくてはなりません。そんなことをしているから勉強が嫌いになっていくのです。できる子はそのようにして覚えていません。

覚えるとは、書くことではなく、「繰り返しテストをすること」なのです。

客	きゃく
愛	あい
英	えい
札	さつ ふだ
…	…

① こっちだけを見て読んでみる。

② こっちだけを見て書いてみる。

これをぜひ教えてあげてください。子どもは覚え方を知りません。そして、漢字テストの直前に、再度「3回間違えた漢字のテスト」↓（時間があれば）「2回目に間違えた漢字のテスト」↓（さらに時間があれば）「1回目に間違えた漢字のテスト」をします。このように無駄なく、合理的にやっていくのです。すると、勉強は大して大変ではないということがわかるようになってきます。

計算問題

こちらもまた、通常つまらない作業です。「計算問題なんかやって何か意味あるの？」というのはアスリートに「腕立て腹筋して意味あるの？」と聞くのと同じ質問なのです。意味はあります。しかし、その意味が子どもにはよくわかりませんし、意味を話したところで理解できません。そこで、計算という勉強をしているけれど、ゲーム感覚でやってしまっているという状態を作ります。なので、ただ計算ドリルをしたらいいというものではないのです。それではこれまでの勉強と同じで、つまらないし、嫌いになるだけですね。そこで、次の3つの方法を取り入れます。

❶ 簡単な問題をやる

簡単な問題をやるというのは、意外かもしれません。例えば小3の子どもであれば、小2の計算問題や小3の計算問題でも、〝100%やり方を知っている〟計算問題をやります。ここで多くの大人が誤解する考え方があります。それは難しい問題をすること、できない問題を学ぶことが勉強であると思っていることです。これは間違っていませんが、ここでの計算は日々のルーチンワークであり、基礎トレです。基礎トレでは、100%解ける問題を使います。

算数や数学ができるようになる重要な方法の1つとして、「スピード」があります。 速度が速くなると能力開発につながるのです。

例えば、そろばん。そろばん教室に通っている子達で、算数や数学ができるようになった子は無数にいることをそろばん教室の経営者から直接聞いています。そろばんでは何をしているでしょうか。複雑な計算をするということもなくはないでしょうが、大半は足し算・引き算でレベルが上がると桁数が増えたり、速くなったりしているだけです。つまり、100%できる問題をしています。やり方がわからないという計算は存在しないことが前提になっています。それなのになぜ算数や数学ができるようになっていくのでしょうか？

もう1つ例を挙げましょう。「百ます計算」というのが一時ブームになりました。今も多くの教育現場で使われていると思いますが、百ます計算では何をしているでしょうか。計算の仕方がわからない問題を1つでもしているでしょうか。100％できる問題しかしていません。それにもかかわらず、なぜ百ます計算をした子たちのその後の学力が高いという結果が出たのでしょうか？

このマジックに早く気がつかないといけません。つまり、**難しい問題を学ぶことも悪くありませんが、それよりも、100％解ける問題を、スピードを速めてする方が圧倒的に能力開発につながる**ということなのです。私も、小学生を指導していた時にスピードテストをさせていました。時間を計って用意ドンで一斉に計算に入っていきます。これをルーチンワークとして日々行うと、かなりの確率で算数が得意になっていくことでしょう。

❷計算ミスをなくすための方法

算数は、他教科と比べ凡ミスがよく出る科目です。これは中学での数学でも同じように続きます。書き間違え、読み間違えなど、一番よく起こるのが、この算数という科目なのです。特に計算ミスで、テストで失点した経験は誰しも持っているのではないでしょうか。

では、この計算ミスはどうすればなくなるのか？　という問題ですが、**「計算ミスはなくなりません」。これが回答になります。**

人間である以上計算ミスは絶対にします。この前提が重要なのです。ミスをしないという前提で計算するから、いつまでも計算ミスは減らないのですね。では、人は絶対に計算ミスをするという前提で組み立てると、どうなるでしょうか。そのための対策を取るようになります。では、その方法をご説明しましょう。

計算問題のドリルをする場合、時間を計って解く、または何分かかったか計測しますね。それで時間になった、最後まで終わったということで、その後すぐに答え合わせをしますね。この通常よくあるやり方をしているうちは絶対に計算ミスはなくなりません。

「人は絶対に計算ミスをする」という前提で考えると、解答した答えの中で間違いが絶対にあるということですよね。ということは、見直しをして発見しなければならないわけです。

そこで、計算ドリルが解けたらすぐに答え合わせするのではなく、2分とか3分与えて、すぐに見直しをさせて間違いを発見する〝トレーニング〟をしなければならないのです。

その時、**「人は3つは間違える」**ということを教えてあげてください。

そうしないと「合っていると思って見直し」をします。すると見つかりません。

100問といてみよう!

日づけ	何分でできた?	正答数
10/1（月）	7分43秒	68
10/2（火）	7分45秒	69
10/3（水）	7分30秒	73
10/4（木）	7分28秒	71
10/5（金）	7分33秒	80
10/6（土）	7分30秒	81
10/7（日）	7分25秒	85

そして、見直しは、再計算するのではなく、はじめに書いた計算過程を「目で見て」発見していきます。書いていると時間がなくなるので、目で見て発見するのです。そして、もし間違いが見つからないということであれば、それは「やばい状態」ということを意味します。何しろ、その中に間違いがあるにもかかわらず、見つかっていないわけですから。

このような計算ミス発見トレーニングも、日々の基礎トレで同時にしてしまうのです。そうすると実際のテストの時にも自動的に計算ミスを発見する時間をとるようになります。

❸記録を「見える化」する

計算問題も漢字同様、ただ解いているだけではつまらないものです。そこで、これも「見える化」させてしまいます。具体的には「時間制限、または記録に挑戦」です。例えば10分で何問できたのかという記録や、1枚を何分で終了し、正答率が何%（見直し前と見直し後の2つ）だったかということを「見える化」させるのです。

自己最高記録がどれぐらいなのか、以前に比べてどれぐらい成長しているのかということが、見える状態にすることで、自己肯定感も上がり、さらに継続できるようになります。

毎日ではないが宿題として出される可能性があるもの

日々やる基礎トレは、漢字と計算ぐらいですが、子どもたちは、それ以外に学校の宿題を様々な形で出されます。また塾に行っている子は塾の宿題がありますね。それも日々の活動ではマストになります。そこで代表的な2つの宿題について書いておきましょう。

音読の宿題

国語の教科書を音読する宿題は、全国どこの小学校でも出ているようです。この音読という作業、実は非常に効果的なのです。なぜなら文構成がまとまりとして、リズムとして体に染み込みますし、言葉（ボキャブラリー）を増やすことになり、なおかつ表現方法を知ることができます。黙読よりも音読の方が圧倒的に効果的であることは学術的にも証明されています。そういう背景もあって学校では宿題として出されているのでしょう。

しかし、この音読という作業、「超面倒くさい」のです。だから、子どもたちの中には、音読したことにして勝手に印鑑を押したり、いい加減にちょっとだけ読んで読んだことにする子がいたりします。面倒で意味を感じないことには興味を示さないことは当然の理（ことわり）なのですが、計り知れない効果があるこの作業をやっつけで終えてしまうのはもったいないです。

では、音読をどうやって楽しむのか？　様々な工夫があると思いますが、私が講演会でお話ししている1つの方法として、**スマホの録音機能を使って、子どもの音読を録音して自分で聞いてみるという方法**をおすすめしています。ナレーターになった気分で、俳優になった気分で音読して、実際それはどう聞こえるのだろうか？　と言って何回か読むということをすると、表現力までついていきます。もちろん、この方法が全ての子どもに通用するとは限りませんが、これまでかなり乗ってきたという事例があるので、試してみてもいいかもしれません。

中学校に入ったら、英語は音読をやらないと高得点は取れません。中学校の場合は、定期テストというゴールがすぐやってくるので、そのゴールのための音読に意味を感じてやります。しかし、小学生はゴールがないので、このような工夫が必要になります。

プリントや問題集

通常、宿題といったら、これです。「毎日の漢字や計算だけで大丈夫？」と言う人がいますが、漢字や計算は「腕立て腹筋」にあたるトレーニングであり、その後、試合で勝つためには、実際に練習しなくてはなりません。その練習にあたるのが、学校の宿題と言っていいでしょう（もちろん塾に行っている場合は、塾の宿題もそれにあたる）。この宿題ですが、私は本来意味があるとは思っていません。宿題という形で子どもに丸投げすると、する子としない子に分かれ、それをきっかけに差がついていくからです。

ですから私が子どもたちを指導していた時は、宿題を出さずに、塾内で基本事項を覚えさせて、できるようにさせてから帰らせるようにしていました。さらにバージョンアップしたい子にはプリントを渡しますが、それは子どもの判断です。したくない子には渡しません。しかし、基本は塾内でマスターしていますから、落ちこぼれにはならないのですね。ですからしなければならない宿題ではなく、「したい宿題」にしています。しかし、学校によっては相変わらずそのような宿題が出ているところもあるようです。これは家庭の力では変えようがないどころか、学校に宿題をもっと出して欲しいという家庭もあるようですから、宿題議論は難しいのです。

そこで、どうせしなければならない宿題であれば、こう考えてやります。

「わからない問題のあぶり出し作業」

つまり、できる問題は「ゴミ問題」として処理し、できない問題、わからない問題という「宝問題」をあぶり出すという作業をやっていると考えるのです。

よくよく考えてもらいたいのですが、**勉強というのは、「わからないものがわかるようになること」ですよね。**

であれば、わからない問題がたくさんあった方が、いいと思いませんか？　しかし、親や先生の中には、間違いは悪いことという刷り込みが入っている人が少なくありません。すると、それが子どもに伝わるのです。もちろん最終的なテストは間違いが少ない方がいいのですが、日々の勉強では、間違いやわからない問題がたくさんあった方が得なのです。

あとは、その間違いや、わからない問題がわかればそれでOKです。これを「成長」と言います。そこで、登場するのが「付箋」です。わからない問題については、「付箋」を貼っておきます。そして問題集から「付箋」がピラピラと出ていると、それは「わからない問題」というアピールになります。

このようなマインドを子どものうちからつけておくと、大人になった時、「最強」になります。

機会があればやっておいたほうがいいこと

情報スキル（調べる力・判断する力・推論する力）

最後に1つ、このお話をしておきましょう。これは、2020年からの文部科学省の21世紀型能力の基本スキルの1つとして入っているものです。それは「情報スキル」。文科省の意味としては、デジタルメディアが使えるという感じのニュアンスだと思いますが、デジタルメディアの使い方など、子どもはほうっておいても学びます。そこで、この情報スキル、もっと先のことを考えて、次のような力を家庭で培ってしまいましょう。それは、一言で言うと「調べる力」です。

わからないことをすぐに調べる力、これがあると今後の勉強の分野はまず困ることがない状態になるでしょう。いわゆる勉強ができる子、人というのは、「わからないと調べる習慣」または「推論する習慣」がついているのです。間違っても、そのままにはしていません。調べると学ぶことになりますが、それ以上に、調べるという行為そのものが「積極性」の表れとなっています。この積極的行動が今後の人生のあらゆる場面で活きてくるのです。

調べる際に使うものは、一昔前は、紙の辞書、辞典、図鑑、百科事典などでした。もちろんそのような紙のツールを使ってもいいでしょうが、私はスマホやタブレットで調べることでもいいと言っています。目的は「事実を知ること」なので、手段はどうでもいいと思っています。子どもが紙に興味があればそちらから入っていけばいいし、デジタルだと乗ってくるのであればデジタルを使えばいいと思います。アナログの紙から入っても、やがて必ずデジタルに移行するので、どちらでもいいでしょう。

第4節

思考力・表現力を身につける方法

では次に**「思考力・表現力」**についてです。こちらの力、これが21世紀型能力の根幹です。先ほどの基礎トレは、基礎ソフトなので、それなりに重要ではありますが、この思考力と表現力があると、勉強の世界では少なくとも、かなり楽しく、効率的（楽という意味）に進めることができます。これが、チャプター2でお話した「賢い頭脳」の正体です。つまり、思考力と表現力が身についていけば、賢い頭脳が出来上がるということです。パソコンでいうOSのアップグレードができたことになるため、ソフト（子どもでいえば科目）は何でもインストール可能ということになります。

詳しくはチャプター2でかなりの紙面を割きましたので、詳細はそちらに譲り、ここでは「思考力・表現力」をつけるために家庭でできることをまとめて簡単に書いておきますね。

「思考力・表現力」は「考える力」と言い換えることができます。そのために2つのことを行うと「考える」ということができるようになります。**1つは「疑問を持つこと」**で、**もう1つは「まとめること（抽象度を高める）」**。もちろんこれ以外でも、考えることができるようになる手段はたくさんあるでしょうが、私は誰もが簡単にいつでもできる方法を提示したいと思っているため、この2つと思っていてください。

では、この2つができるようになるにはどうするか?

そこで5つのマジックワードを使います。日常において次の5つのマジックワードを入れていくことで、「考える」という行為がされていきます。すると日常で習慣化された「考える」は、勉強する時に波及していきます。日常で考えることができない人間に、勉強の時だけ考えることができるはずがありません。ですから「日常が重要」と何度も言っているのですね。

頭脳のスペックを引き上げる５つのマジックワード

考えをまとめさせるkeyword		
要するに？	→	抽象化思考力
例えば？	→	具体化思考力

疑問を持たせるkeyword		
なぜ？	→	原因分析力
どう思う？	→	自己表現力
どうしたらいい？	→	問題解決力

＊使い方についての詳しいことはチャプター２（50ページ）をご覧ください。

「思考力・表現力」を引き出す５つの「マジックワード」

これらの思考が日常で自然とできるようになると、思考力、表現力以外に、創造力、問題解決能力といった、現在の先進的な企業群が求めている能力も得ることができます。できれば、このような能力の土台は、小学生の間に作っておけるといいですよね。後々、これらの力を身につけるということも、もちろんできますが、小学生の間に作っておけば、少なくとも小１から12年間ある、勉強や学びの世界が楽しめることは間違いないでしょうから。

第5節

楽しむ仕掛け

公式の3番目は「**楽しむ仕掛け**」です。勉強をプラスにもっていくか、マイナスにもっていくか、180度人生を分ける決定的な部分です。**この仕掛けを作っておかないと、「勉強＝難行苦行」となります**。多くの方が知らないと思いますが、実は、勉強のできる子の多くは自分で〝勝手に〟「楽しむ仕掛け」を作っています。側から見ていると、ただ勉強しているようにしか見えなくても、頭の中は〝遊んで〟いたりします。

例えば、ダジャレ化していたり、語呂合わせを作っていたり、国語の文章を読みながら感動していたり、批判していたり、歴史の登場人物をクラスメイトに当てはめて覚えていたりなどです。人間は、楽しくない、面白くないことに興味は示しません。では勉強は？

多くの子どもは頭の中に「楽しくする変換器」がないため、第一印象でつまらなそうだと弾きます。ですからたまたま、楽しく、面白く演出してくれる先生に出会うと、その科目が好きになっていき、できるようになっていくのはまさにその証拠でしょう。でも、もともと自分で楽しくできる、面白くできる子が一定数います。そのような子が中学受験塾のトップクラスにいたりします。しかしそれは割合的には非常に少なく、圧倒的多数の子どもは、他者からの影響によって勉強の好き嫌いが決まります。ということであれば、楽しくなる仕掛けを作ってあげればいいわけなのです。

ところが、多くの大人は、自分が子どもの頃に勉強はやりたくないことの1つだったため、子どもにも「仕方ないからやらねばならない」と伝えなければならないと思っています。そういう背景があるため、「勉強しなさい！」と命令形を使います。しかし、あえて「一見、つまらない勉強を楽しむ仕掛けを作ろう！」と思えば、できるものなのです。

そこで、私からは1つの仕掛けについてお伝えしましょう。

それは、**「子ども手帳」を活用するという方法です**（参考例100〜101ページ参照）。

これまで、私は勉強にはゴールがない、勉強の見える化がされていないというお話をたくさんしてきました。そこで、漢字では、その学年で習う漢字一覧を全部出して、習ったら消していくことや、計算問題であれば、記録をとって「見える化」することなどを提案しました。

そして、勉強全体を「見える化」するにはどうすればいいか。これを実現させるのが、このような手帳やカレンダーなどを使った「見える化」なのです。

私はこれを「子ども手帳」と言っています。すでに私の開発した子ども手帳が市販されていて、数万人の子どもたちが使っています。そのような手帳でなくても、カレンダーでも、ノートに書いてやることでも構いませんが、自分のオリジナル手帳を持つことは小学生にとってはとても嬉しいことのようです。


小学生、さらに中学生は手帳を持ちません。手帳を持たずに生活できること自体不思議ですが、それだけ行動がワンパターン化されているのか、親のアナウンスで動けばいいから手帳が必要ないのかわかりませんが、いずれにしても手帳を持っていないということは、自分の行動が「見える化」されていないということなのですね。

行動の「見える化」がされれば、自分は今何をしなければならないか、あと何が残っているのか、ということが把握できます。

では私が開発した子ども手帳の使い方について書いておきます。

木	金	土	日
~~おきる~~ ~~プリント~~	~~おきる~~ ~~プリント~~	~~おきる~~ ~~プリント~~	おきる ~~プリント~~
			~~らいしゅうの~~ ~~予定を書く~~
		おふろそうじ	
	~~しゅくだい~~		
~~ねる~~	~~ねる~~	ねる	~~ねる~~

《ママからのメッセージ》

よくがんばりました！　いいちょうしだね～

23P+5P　合計＝28P

詳しい使い方はP.102より

	月	火	水
7：00	~~おきる~~ ~~プリント~~	~~おきる~~ ~~プリント~~	~~おきる~~ ~~プリント~~
8：00			
9：00			
●●			
●●			
15：00	~~しゅくだい~~		~~しゅくだい~~
21：00	~~ねる~~	~~ねる~~	~~ねる~~
	《やくそくごと》 1．やくそくを守る、うそをつかない 2．くつをそろえる 3．げんきにあいさつ		

❶手帳を手に入れる

子どものお気に入りの手帳でもいいですし、カレンダーでも可能です。私は、はじめは子どものお気に入りの手帳を使ってくださいと言っていましたが、世の中に手帳はたくさんあり、逆にたくさんあると選択できないということもあり、実物の「子ども手帳」を開発しました『はじめての子ども手帳』（ディスカヴァー・トゥエンティワン）。この手帳は子どもが書き込みたくなるような工夫が随所にあります。もしよろしければこれを使っていただいてもいいですし、小1、小2ぐらいであれば、『できたよ手帳』（学研ステイフル）という小さい子ども向けの手帳も開発しましたのでそれを使ってもいいでしょう。これらの手帳については108ページのQRコードからご覧ください。

❷これから1週間分の予定を自分で書かせる

「毎日するべきこと」を書き込みます。重要なことは〝自分で〟書かせるということです。親が書くと「親に言われたことをする習慣」が身についてしまいます。そうすると、親が書かないとしない子になりかねませんので、自分で書かせていきましょう。もちろん、親はサポートしてあげてください。書く内容は、「日々のプリント」

「宿題」「お手伝い」「早寝早起きなどの生活習慣」などです。要するに習慣化させたいことを書いていくといいでしょう。さらに、ゲームという時間も入れてもいいでしょう。したくないことばかりですと手帳を開くのが嫌になるからです。

❸日々終わった事柄は赤で消し、ポイント化する

終わったことは赤で消し込みをしていきます。そして、一つ終われば、ポイントとします。それぞれのタスクへのポイント（点数）設定は、各家庭で決めてください。ボーナスポイントなどの設定もいいですね。消し込む色は別に何色でもいいのですが、これまでの数々の実例では、赤色が望ましいことがわかっています。なぜか、赤い色が抜群の効果でした。赤で消し込んでいくとやりきった感覚を誘発するのかもしれません。その際、**できなかったことは消しません。**消せなかった分は、目に見える形で残るため、翌日以降、その週末までに消し込まないとポイントとはならないだけです。ですから「なぜやらないの」と言ってはいけません。

❹毎週末、消した分だけポイント精算する

毎週末に親子でポイントを精算します。特に1週間ごとというルールが絶対に大切というわけではありませんが、集計単位としてキリが良いことから週末を推奨しています。そして次の1週間の予定を書き込んでいきます。

❺可能であれば、親がコメントを入れてあげる（親がしてみたいと思う場合のみ）

週1回でも、毎日でも特にコメントの頻度の指定はありません。あまりにも間が空かなければいいでしょう。この親の「魔法の言葉」で子どもとの絆や信頼関係が深まることは言うまでもありません。コメントでは、以下の点だけ留意しておいてください。

コメントの注意点

❶コメントはプラスの言葉であること

子ども手帳は、親が子どもを管理するための手帳ではありません。子どもが自分自

身で管理していくための手帳です。ですから、していないことがあっても、それについてマイナスな言葉を使うのではなく、できている部分についてプラスの言葉を入れてあげてください。

❷子どもの成長に合わせて徐々に漢字を増やしていく

実は、家庭で使われる語彙（ボキャブラリー）の種類というのは非常に重要なのです。そのレベルによって学ぶ力が変わってくることさえあります。そこで、一石二鳥として、漢字の勉強もしてしまいましょう。いつまでもひらがなではなく、漢字も入れていってください。ただし読めない可能性があるものは、ふりがなも入れるなどの工夫があってもいいでしょう。

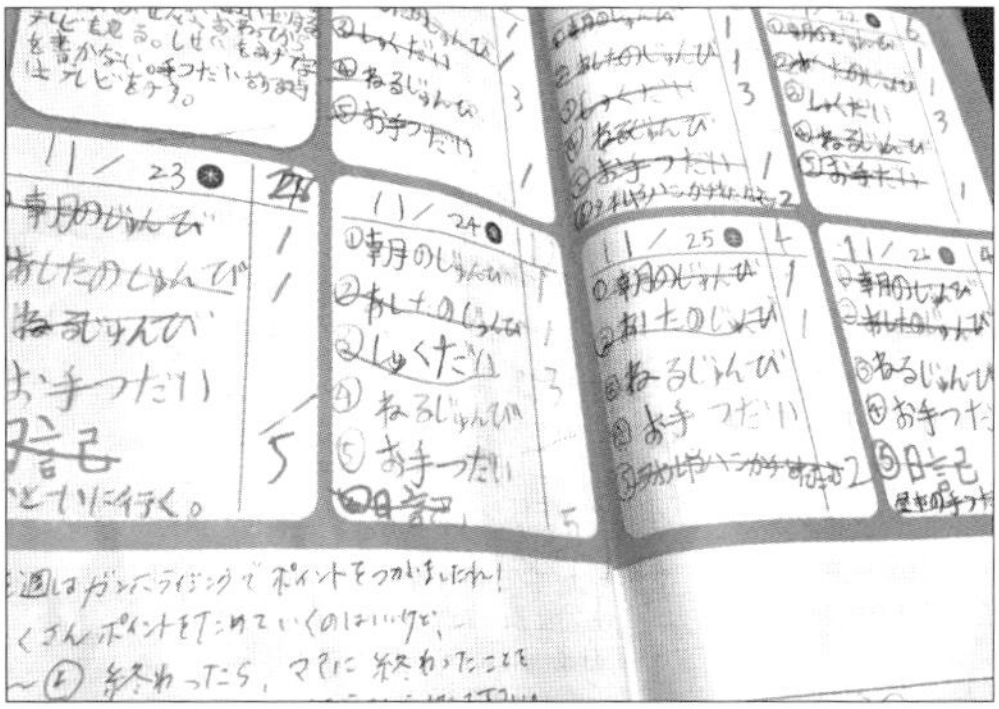

▲子ども手帳の見本

❸子どもができていないことについては、「警告」を与えるのではなく、「ワンポイント・アドバイス」にする

この「ワンポイント・アドバイス」というのは、効果てきめんです。つまり、**どうしたらうまくいくかをアドバイスするだけですから、「しなさい！」と言っているのとはわけが違います。**人は、強制されたことに対しては拒絶か嫌々ながらするという反応を示しますが、アドバイスであれば、比較的すんなりと受け入れます。アドバイスは具体的な方法について書いてあげるといいでしょう。すぐに行動ができるようにしてあげます。

「ちゃんと勉強をやりなさい！」

「宿題やっていないね～」

「漢字の練習からやると勉強モードに入れるかも」

「宿題は朝やってしまうとうまくいくらしいよ」

第6節 子ども手帳の具体例と効果

子ども手帳の記入例をいくつかご紹介します。

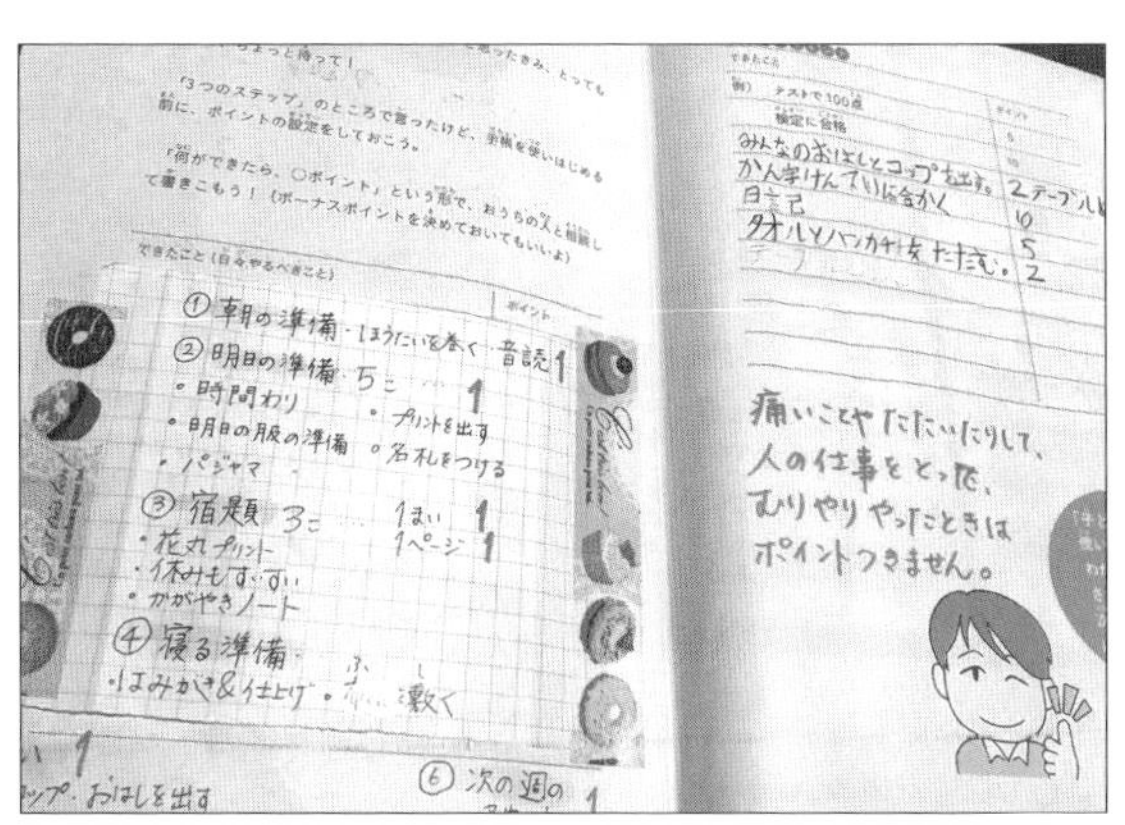

【例1】毎日必ずすることを決めておくのもいいですね。

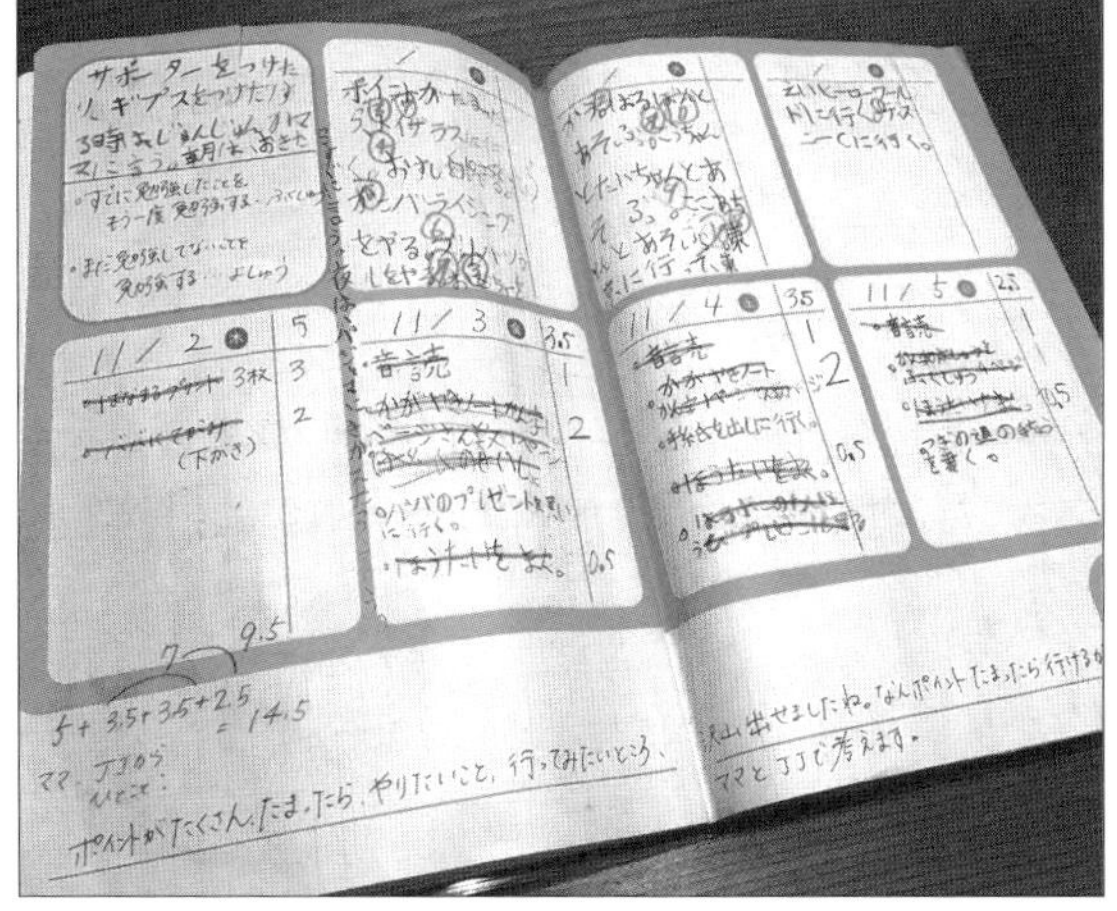

【例2】ポイントをためてしたいことを考えるとモチベーションになります。

子ども手帳については
石田勝紀公式ホームページ

【例 3】週終わりに子どもが自分を振り返る欄を作るといいですね。

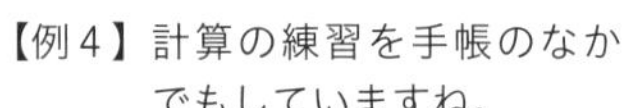

【例 4】計算の練習を手帳のなかでもしていますね。

【例 5】もちろん一般の手帳でもOKです。お母さんが毎日コメントをつけて返していますね。

をご覧ください。このように手帳を使っていくと、実は多くの副産物を得られます。

❶プラスの心が作られる

宿題、勉強といった子どもたちにとってみたらマイナスイメージの強いことに対して、前向きに取り組むようになる。

❷学力が向上する

習慣化されるとたいした努力をしなくともできるようになる。その結果、「継続は力なり」で学力が向上する。

❸道徳、倫理、秩序が身につく

家庭のルール――約束事によって、正しい人格をもった人間になる。※オプションとしてルールを取り決めた場合。

❹親子の信頼関係が深まる

親がコメントを入れることで普段目の前では言えないことでも、活字を使えば伝えることもできる。

このように手帳を使うことで、自分のしていることが「見える化」され、しかも、できている自分が作られていくため自己肯定感が上がります。ポイント化するのは、努力の成果を数字に表すためです。今週は56ポイント、次の週は45ポイントとするのではなく、累計で積み上げていきます。つまり、今週が56ポイント、次週が45ポイントであれば、次週の結果は101ポイントとします。すると数字はどんどん上がっていくので、できる感が強くなっていくのです。これが「やる気」につながる仕組みです。ゲームはこのような構造になっているので、子どもたちはハマるようになっているのです。それを子ども手帳にも応用してしまいましょう。さらに詳しい使い方やオプション的なやり方があるのですが、それは拙著『勉強しない子には「1冊の手帳」を与えよう！』(ディスカヴァー・トゥエンティワン)をご覧くださいね。

Chapter
4

覚え方・問題集の使い方

覚え方・問題集の使い方

もうすぐテストがあるんでしょ？
ちゃんと覚えておかないとね
えー
どうやって覚えればいいの？
覚えられないよ
教科書を何度も読めば覚えるでしょ？
…はーい
後日
ただいまー
おかえりー
テストどうだった？
えー！全然できてない！
ガーン
勉強してたのに
スッ

あっ
石田先生 子供が勉強しても点数が取れないんです！
それはですね
間違った勉強法では良い結果は出にくいからです
多くの人が誤った覚え方として「読んで覚える」「書いて覚える」をしています
単なる作業になってしまい、勉強嫌いが加速してしまいます
ええっ そう教えてました…
じゃあ どうやって覚えるんですか？
それでは 効果的に覚える方法をお教えしましょう！

皆さんは、子どもの頃、「来週テストがあるから覚えてきなさい」という言葉を聞いたことがあるでしょう。では**「覚え方」は教わりましたか？**　講演会やMama Caféでたくさんのママさんに聞いてきたところ、「ない」というのが大半を占めていました。勉強方法を知ることはさらにありません。

次のチャプターで扱う、読書感想文の書き方や作文の書き方もそうです。中学校に入れば、定期テストがあるにもかかわらず、どう勉強していいかわからないので、適当に勉強するという事態が起こっているのです。しかも、勉強の仕方を習っていないという重大なことに、多くの人が気づいていないというさらに驚く状態になっているのです。

やり方を知らないのに、なぜ「勉強しなさい」と言うのか疑問です。だから、塾に行かせれば学力が上がるだろうと錯覚してしまったり、子どもが机の上で問題集を広げていれば親は安心してしまったりという謎なことが起こるのです。

塾に行って学力がつく子は、自分で勉強のやり方を知っている子なのです。テスト前の勉強の仕方を知っている子なのです。机の上でいくら勉強しても、そのやり方が間違っていれば、ただの時間の浪費となるどころか、〝努力〟は報われないということを学ぶことになります。間違ったやり方をすれば、間違った目的地に到着するというだけなのですね。

そこで、このチャプターでは、はじめに「覚え方」「問題集の使い方」についてお話しし、次のチャプターで、小学校の勉強で嫌われる〝作業〟読書感想文と作文の書き方についてお伝えします。この2つは、普通は小学生が嫌う〝作業〟なのですが、実は極めて重要な能力開発になる〝学び〟なのです。しかし、書き方を知らないため、これらは嫌われ者になってしまっています。残念なことです。ここでわかりやすく誰でも書ける方法を教えますので、ぜひお子さんに伝えてあげてくださいね。

本読んで感想を書くだけじゃん
面白かった、しか感想ないもん。原稿用紙3枚も書けないよ。

第１節

なぜか教えてもらわない覚え方

勉強のやり方を教わっていない子どもたちはかわいそうです。何事もやり方というものがありますが、それを知らずに、ただやれと言われてもできないのが当然です。それでもコツをつかむことが早い子も世の中にはいます。そのような子はすぐに効率的なやり方を知り、自分で適用していきます。しかし、それはその子の中だけに閉じられ、他に知られることはありません。

多くの人が間違ってしてしまっている「覚える」という方法に、「読んで覚える」があります。読むことで記憶できる人もごく少数ですがいます。写真のように撮って記憶できるフォトリーディングができる人です。これまで何人か会いました。しかし、これは超レアケースと考えなければなりません。それが普通と思ってしまったら大変なことです。「読む」という行為自体は無駄ではありませんが、1回、2回の読み作業では覚えることには直結しないため、ほぼ意味がないと思っていいでしょう（全体像を把握するという意味のみある）。

もう1つ多くの人がしている誤りに「書いて覚える」があります。これについては、はっきりとさせなければなりません。**「書いて覚えることをしているから勉強が嫌いになってしまう」**ということを知らなくてはなりません。もちろん小学校1年生ぐらいであれば、字の練習を兼ねて書いてもいいでしょうが、覚える手段というのは、「書くこと」ではないのですね。昔の中国で行われていた、ひたすら書いて覚え、100%記述の丸暗記テストの科挙の試験とは違うのです。

実は、できる子は「書いて覚える」ということをほとんどしないのです。できる子だから書かなくていいのではなく、書くという手段で覚えないから、点数が取れるのです。しかし、書いて覚えるという手段が世間の〝文化〟として浸透しているため、多くの子どもたちもそれを何となくしてしまうのです。書いていると勉強している気になるということはあるでしょう。しかし実態としては覚えられていないため点数が取れず、さらに努力が足りないと言われたりします。

もちろん、書くこと自体は悪いことではありません。どうしてもできない問題については、最終段階で、書いて覚えるということはしますが、通常は書いて覚えるという手段は使いません。

では、「覚える」とはどのようなことをいうのでしょうか。

覚えるとは「自分で繰り返しテストすること」。

テストをする過程でインプットしていくのです。見る、書く、読むという作業を全くしない訳ではありません。私が書いた本『中学生の勉強法ver．2.0』の本でも、読む、書くはテスト前にすることの1つとして挙げています。しかし、読む、書くは記憶にほぼ貢献しないのです。

次のようなことを考えてみるとよくわかります。試験勉強の本番は「テスト」ですね。そ

の本番の前にすることとは何でしょうか。それは「リハーサル」なのです。コンサートでも、コンテストでも、リハーサルをしますね。テストも同じなのです。つまり、テストのリハーサルは「テスト」なのです。テストをして、できるかできないかを確認する過程で覚えていくのです。ですから、書く、読む、見るという作業はテスト勉強においては補助的な作業であって、中心的作業ではないのです。

これまで指導してきた数千人の小中学生で、高得点を取ってくる子は、実際、書いて覚えていません。繰り返し自分でテストをして覚えているのです。日常の確認テストなども、テストを繰り返す過程で覚えるのです。

書いて覚えるという「神話」、というより「幻想」を早く捨て去らないと、やったことが成果につながらないため、自分を責めたり、本来は意味のある「学び」ということを放棄してしまったりする可能性もあります。

お子さんには、「書いて覚えるのではなく、繰り返しテストをして覚える」ということをぜひ教えてあげて欲しいと思います。そして、**「3回転させて3回とも間違えた部分だけを書いて覚える」**ということを教えてあげてください。そうすると書く量が少なくて済み、効率的な記憶ができます。

では、どのように覚えるのかについてお話しします。繰り返しテストをすることで覚えるということで、一番わかりやすいのは、漢字を覚えるということでしょう。こちらに関しては、76ページの 漢字の練習 のところで書きました。

そこで書いたのは、〈読みテスト（簡単な方）→書きテスト（難しい方）〉の順でテストを繰り返し（3回転）行うことで覚えていくことでした。この方法は英単語を覚えるときも同じです。〈日本語訳（簡単な方）→スペル書き（難しい方）〉で進めます。そして3回転しても読めない、書けないものを3回から、せいぜい5回書くくらいで終えます。そしてテスト直前に3回間違えた漢字や単語を再度見直しします。最後は短期記憶で対応です。これで覚え方としては満点です。点数を取る子はこのようなことをしているのです。

では、理科や社会など、知識を覚える問題はどうすればいいでしょうか。中学受験を目指さない場合で塾にも通わず、学校の勉強だけの場合は、内容の理解ができていればよいでしょうが、塾に通っていたり、中学受験を目指していたりする場合、テストが頻繁にあります。そのようなテストで点数を取る子は皆、「覚えている」のです。点数が取れない子は、だいたい、〈テキストを見ているだけ〉〈書いているだけ〉〈読んでいるだけ〉〈問題集を解いているだけ〉で、一向に覚えていません。覚えないと点数は取れないのです。覚えてもいないのに、いきなり問題集をしてできるはずがありません。少なくとも今の日本の教育はまだ記憶テストになってしまっているので、覚えるという作業がどうしても必要になります。

では、どうやって、理社を覚えるか。これも原則どおりです。「繰り返しテストをする」ことで覚えます。しかし、テキストに書いてある用語をどのように覚えるのか。そこで文房具の登場です。「暗記ペン」というのがあります。これは、赤や緑で用語を塗って、緑や赤のセロファンをかざすと塗った部分が消え、即席の「穴埋め問題」ができるのです。高校生がよく使っていますが、これを使うのが一番手っ取り早いのです。暗記ペンという言葉の印象が悪いのですが、記憶するには一番適切な方法といえるでしょう。そこで、ただの暗記に終わらせないようにするため次の手順を書いておきます。

効果的に覚える手順

❶ **テキストに書いてあること**（テスト対象の範囲）**を「3回」読む**（これで全体像をつかむ）。

❷ **重要な用語を暗記ペンで塗る**（自分の判断で重要そうな用語を選択。はじめは的確にできなくてもやがてできるようになります）。

❸ **消えた用語が口で言えるかテスト**（一問一答）**する**（口で言える段階から始める。いきなり書かない）。

❹口で言えるようになったら、漢字で書けるかテストする。

❺3回転しても書けなかった用語を3回書く（漢字で書くことで漢字も覚えられるので一石二鳥。さらに3回書いて間違えた問題がテストに出る問題と考えられるので、テスト直前にもう1回やる）。

以上が覚えるという作業です。基本的に知識のインプットはこのような手順でやります。ここから外れると覚えることは難しいでしょう。できる子は多少細部は違えど、このようなやり方で覚えているのです。

第２節

なぜか教えてもらわない問題集の使い方

問題集は小学校に入ってから少なくとも12年間はずっとお付き合いするツールです。勉強には欠かせないツールなのですが、その使い方について実は多くの子どもたちは知りません。大人はおおかた知っているのですが、なぜかその使い方を子どもに教えないことが多いようです。

その証拠に、子どもに「問題集どうやって使っている？」と聞くと、「1回やった」「2回やった」と答えます。しかも内容を聞くと、できた問題をまた繰り返ししていたりするのです。この超非効率なことをしているうちは、学力に直結しないので、早く問題集を使う手順を教えてあげたいものです。

問題集の使い方

❶問題集に答えを絶対に書き込まない。

答えを問題集に書くと、2回目にやるときに答えが見えてしまうので、問題集には答えを書き込みません。学校で答えを書いて提出という場合は、仕方ないので書いて提出しますが、基本的には問題集には書き込まず、別の紙やノートに書いていきます。

❷問題集は原則として3回繰り返す。

問題集は、3回は繰り返さないと、習得はできないようになっています。一部の天才を除いて。この原則を知らない子があまりにも多いので驚くのですが、問題集は1回だけ、2回だけなら、してもしなくても同じと思った方がいいでしょう。**「3回で効果が出る」これを知っておくことです。**

❸ 1回目にできた問題は、2回目は解かない。2回目にできた問題は、3回目は解かない。

1度解けた問題は、次は解きません。「でも忘れていたらどうしよう?」と不安になって、もう1回解いてしまうことがあります。そのようなことをしているから、いつまでも点数が取れないのです。これをしてしまうと3回転する時間が足りなくなります。気にせずに、**1度できた問題はとりあえずしないで、できない問題を繰り返すことをします。**このように、勉強というのは先に行けば行くほど「楽」になるのです。

1回目は全部の問題、2回目は半分の問題、3回目はさらに半分の問題というように。

❹ 間違えた問題はカッコのところに蛍光ペンで色をつける（2回目も間違えたら色を変える。3回目も間違えたらまた色を変える）。

問題集を1回目に解くのは、「できる問題とできない問題の仕分け」なので、間違いがたくさんあっても気にしないよう言います。**繰り返すうちにできるようになるので、それが「学び」だということを教えてあげます。**はじめからできていれば、何も学んでいないことになります。

2回目は、1回目に間違えた問題だけやります。3回目は2回目に間違えた問題だけやります。そして、**3回やっても間違えた問題、これがテストに出る問題なのです。**ですから子どもには次のように教えてください。

「3回やってもできなかった問題、それがテストに出る問題（宝問題）なんだよ～」と。

このようなことを言っておかないと、子どもは素直なので、すぐ「またできないよ～」とマイナス思考になっていきます。そうではなく、逆の発想なのです。

何回も間違える問題は、みんなも間違えるので、それがテストに出るのです。

ということは、その問題を直前にもう一度駄目押しですれば、点数が取れるということですよね。そのような考え方を教えてあげてください。

❺ 間違えた問題はその場で解説を見て理解（「わかった！」という感覚）するが、わからない問題は付箋を貼っておく。

解説を見てもわからなければ、付箋を貼り、後日先生や誰かに聞いて必ず解決する必要があります。理科や社会では解説を見て、わからないという問題はそれほどありませんが、算数は解説を見てもわからない問題が出てきます。

できる子たちは、わからないものを解決していくという習性を持っています。これができる子とできない子の差なのです。しかし「先生に質問するように」と言っても、なかなか質問はしづらいものです。

そこで、文房具の登場です。解説を見てもわからない問題には「付箋」を貼っておくのです。付箋を貼っておけば、その付箋のビラビラがいつまでも問題集から出ていて、気になります。気になると人は何とかしなければという気持ちになります。自主性も身につけてしまう方法、それが付箋という目印を貼っておくということです。解決したらその付箋はとれていきます。

このようにして、解決しなければならないという「仕掛け」を作るのです。

【図１】蛍光ペンと付箋

【図２】わからない問題を示す付箋

Chapter 5

作文の書き方、読書感想文の書き方

作文の書き方、読書感想文の書き方

作文苦手だよーー！
何を書けばいいの？
もー
読書感想文ってどう書けばいいのか分からない！
やりたくないー

俺も作文は嫌いだったな…
私も読書感想文は苦手だったなぁ…

お父さんお母さん
作文読書感想文の書き方教えてーー！
え！
ドキッ

作文、読書感想文の書き方ですね！
スッ
石田先生！どうやって教えたらいいんでしょうか？
自分たちも苦手だったので…
それでは
作文が嫌いな子でも書いてみようという書き方を説明しましょう！
これが作文を書く手順です
作文を書く手順
①テーマを決める
②フレームを選択する
物語パターン
説明文パターン
③メモと感情リストを見ながら書く
手順があると教えやすいですね！
詳しい内容と感想文についても説明しますね！

第１節

作文の書き方

作文。なんとも嫌な響きを持った言葉です。少なくとも私は文章を書くことが大嫌いでした。一度も作文が良いと言われたことはなく、文章を書くこと自体面倒くさく、作文という言葉を聞いただけでうんざりする日々を送っていたものです。しかし、その後、子どもたちを指導する立場になり、作文には書き方があることがわかってきた頃から、作文に対するイメージが変わってきました。

多くの子どもたちに作文についての感想を聞くと、大半の子が「好きではない」「嫌い」「面倒くさい」と言います。なぜ、こんなにも嫌われてしまうのでしょうか。

その理由の1つに「作文の書き方」を教えてもらっていないということがあります。もちろん学校の先生によってはしっかりと作文の書き方指導をされている先生もいらっしゃるでしょう。しかし、私がこれまで指導してきた子どもたち数千人、さらに毎年数千人の保護者に講演会を行った時に聞いた感想では、教えてもらった記憶がないという方が圧倒的多数でした。ということは、おそらく教育現場では、作文の宿題を出すものの、作文の書き方を教えていないという不可思議なことが起こっている可能性が高いのです。

夏休みの宿題でよく作文が出されますが、よくあるケースとして、作文で「ただの出来事の羅列」を書いてしまったりすることが少なくありません。気持ちを書きなさいと言われても、「気持ちを表す言葉を知らない」ため、「うれしい」「楽しい」「よかった」程度のボキャブラリーしか使えないことも往々にしてあります。

さらに、子どもたちに聞いてみると、「気持ちを表現するように」とだけ言われ、テーマの絞り方や、文の構成の仕方までは教えてもらっていないということを直接語ってくれます。書き方を知らないで書くということをよくしているものだと思います。


そこで、小学生にとって一見厄介な〝作業〟である、作文の書き方を親が知ってしまいましょう。ぜひお子さんに伝えてあげてください。この方法を実践した子どもたちから、「作文が楽しくなった」「表彰された」という報告を多数頂いていますので、100％確実に誰でも書けるようになるとは言いませんが、ある程度の効果は出ている方法とお考えください。

作文の書き方と一口に言っても、様々な作法や指導法があると思いますが、**私が念頭に置いている方法は、作文が嫌いな子でも書いてみようという気持ちを引き出せる方法です。**ですから、高度な内容の作文を書くことや、コンクールで入賞するための書き方というよりは、国語が嫌い、作文が嫌いという子でも、書いてみようと思えるような方法です。

手順は次の通りです。

❶テーマを決める

テーマが決められているときは、そのテーマの中でさらにテーマを絞ります。例えば、「環境」が決められたテーマであれば、「環境」の中の「分別収集によって資源のリサイクルをすること」とか「プラスチックによる環境問題」とかいうテーマに絞ることを言います。

自由テーマであれば、「自分が問題に思っていること」「興味があること」「話がしやすいこと」にします。なぜなら、このようなテーマであれば、次々と言葉が出てくるからです。

重要なことは、これらをまずは口で言わせるということです。いきなり書くことは子どもにとってハードルが高いのです。ですから、**まずは「質問して口で答える」という形で進めます。**そしてその口で語ったことを、「メモ書き」するようにします。メモですので、簡単な箇条書き程度です。

❷フレームを選択する

次に、どのように書くかフレームを選択します。次の2つのフレームのどちらかを選びます。実は、このフレームが極めて重要になります。作文を評価する際、作文の内容が素晴らしいかどうかよりも、どのようなフレームで構成されているかという方が、評価しやすいのです。通常とは異なる意外な視点で書かれた文章も素晴らしいですが、そのような高度な内容の作文をいきなり書くことは難しいです。それよりも、きっちりとしたフレームの中で書かれた文章の方が美しく、読み手も読みやすいものです。しかも、次の2つのフレームは国語の2大パターンそのものなのです。このパターンに沿って書くことによって国語力向上にもつながります。

frame 1 物語パターン

物語パターンとは、時間軸に沿って書いていく形です。

「むかしむかしあるところに、おじいさんとおばあさんがいました……」で始まる昔話はまさに、その典型です。

そして、ここでも誘導的に質問をしていきます。何を質問するかと言えば、「5W1H」です。**「いつ、どこで、だれが、何をしたか、なぜそう感じたか、どのように感じたか」**です。それらをはじめに口頭で言わせて、次にそれをメモします。ですから、まだこの段階では作文は書きません。メモ

いつのこと？
7月○日
誰といっしょだった？
場所はどこ？
何したのかな？

段階です。

ここで問題になるのが、「どのように感じたか」の部分です。先ほども書いたように、子どもたちは気持ちを表現する言葉の数（ボキャブラリー）が極めて少ないため、パターン化した表現しかできません。すると文章を書くこと自体がつまらなくなっていきます。

そこで、**「気持ちを表す表現をあらかじめピックアップしておく」**のです。小学生が使う気持ちを表す表現はネットで調べればたくさん出てきます。それらを用意しておいて、「その時ってさ〜、この中でいうとどんな気持ちかな？」と聞いて選ばせるのです。すると、新しい言葉を覚えることもできますし、文章そのものを書く楽しさが増えていくことでしょう。

（気持ちを表す言葉は151ページに参考として挙げましたので、使ってみてください）

frame 2 説明文パターン

もう1つのフレームです。それは説明文パターンです。

●序論（だいたいこんな話）
●本論（詳しくいうとこんな話ー最大で3つにまとめるとわかりやすい）
●結論（要するにこういうこと）

序論、本論、結論というと何となく難しく感じますが、「だいたいこんな話↓少し説明するとこんな感じ↓簡単にまとめるとこんな感じ」の構成です。このような構成ですと読み手は非常にわかりやすいです。日記とは異なり、読み手があっての作文であるため、読みやすい方がいいのです。

例えば、「環境問題」のテーマで作文を書くとしたら、序論で「世界は環境問題で大変だ」とメモします。本論で「この間、クジラのおなかの中から大量のプラスチックが出てきた」や「分別収集しても再生されているプラスチックは少ない」など、いくつかメモします。そして、結論で「私たち一人一人が真剣に環境問題を考えなければ、未来が大変なことになる」とまとめる感じです。もちろん、これだけであれば、文字数が少ないため、さらに質問をしていき、関連することをたくさん口で言わせ、さらにそれをメモします。

❸メモと感情表現リストを見ながら書いていく

そして最後に、メモしたことを見ながら、文章を書いていきます。この段階になって初めて、「書く」のです。いきなり文章を書くことは、プロの作家でもあまりしないことでしょう。また、子どもは、感情表現をほとんど知らないため、別のリストから選んで使います。

以上をまとめると次のようになります。

「何をテーマにするか決める、フレームを選ぶ、感情表現を選ぶ」を口頭で言わせ、それをメモし、メモを見ながら書いていくということです。このように手順を追って進めていけば、多くの子どもたちは楽しみながら作文が書けるようになります。

何に
興味ある？
環境問題
なんで？
ずっとニュースで
やってるもん

環境問題は
世界中で大変だな。
〜なこともあるし
……なこともあるし……
メモ
メモ

どれが
あなたの
気持ちに
あてはまる？
「なやましい」
「気がかり」
とかがいいね
○○○リスト
かけた！
わーい!!

第2節

読書感想文の書き方

読書感想文。この言葉も何となく嫌な響きを持った言葉ですね。私は作文同様、読書感想文も大嫌いで、読書感想文の宿題は、本を最後まで読むことはせずに、「あとがき」だけを読んで、適当に書いたことも度々あったほどです。文章を書くこと自体が大嫌いだったため、感想文とか作文とかいう言葉を聞くと、憂鬱になったものです。そのような私が今、このように本を書いているのですから、人生どうなるかわからないものです。

これから読書感想文の書き方についてお話ししますが、この方法は、読書感想文だけでなく、国語の要約問題全般にわたって有効な方法ですから、ぜひ試してみてください。

読書感想文、作文、要約問題は、いずれも「書く」という作業です。この**「書く」という作業は、実は多くの人にとって非常にハードルが高い作業といえるのです**。そのハードルが高い作業を子どもに〝いきなり、させようとしている〟ことに、そもそも無理があるのです。

英語でもよく言われますが4技能というものがあります。「読む」「聞く」「話す」「書く」の4つをいいますが、国語でも同様に、この4技能があります。普段、母国語の日本語を話したり、聞いたりしていると意識しませんが、人間は、生まれてからどのようなプロセスでこの4技能を習得してきたのかを考えると、読書感想文の対策と方法が見えてくるのです。

人間は、生まれてはじめに「聞く」ということから始まります。次に、「話す」ようになります。そして、文字を知り「読む」ことができるようになります。そして最後に「書く」ことができるようになるのです。

成長段階に照らし合わせると、人は「聞く」→「話す」→「読む」→「書く」という順番で技能を習得してきました。では、読書感想文はどの部分をさせているでしょうか。後半2つの「読む→書く」です。つまり、**子どもにとって実行ハードルが高い「読む」「書く」という作業を、いきなりさせるから大変に感じるのです。**大人でも「レポートを提出せよ」と言われたらハードルの高さを感じませんか。

そこで、読書感想文を書けるようになるための順番は、この4つの技能の中でも実行ハードルが低いものから始めていきます。つまり、「話す」という段階から始めるのです。

読書感想文ですから、はじめは本を読まなくてはいけません。この「読む」も本来は実行ハードルが高いので、本当は本の読み聞かせから入るといいのですが、文章が短いならまだしも、さすがに文学作品の読み聞かせは難しいことでしょう。そこで初めから本の全てを読まず、いくつかに分割して読ませていきます。第1章とか第2章という感じです。例えば、第1章を読み終わったら、次のような会話をしていきます。

「この話の中で印象に残っていることって何？」

「ん〜、主人公が大変な状況になったことかな」

「そうなんだ〜。どう大変だったの？」

「友達に嫌なことをされたんだよ」

「嫌なことされたんだ〜。辛いよねそれ」

「普通、あんな言い方しないよね」

「あなたも、それに似たようなことない？」

「あるかも。親友の○○くんから嫌なこと言われたことある」

「その時、どんな気持ちだった？」

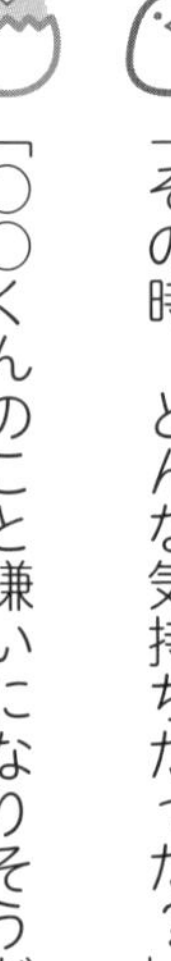

「○○くんのこと嫌いになりそうだったよ」

まずは子どもと「話す」という段階から始めます。最も実行ハードルが低い作業です。会話の内容を、簡単に箇条書きさせるかキーワードのメモ書きをさせます。このようなことを第2章、第3章とやっていきます。そして溜まったメモ書きを見ながら、次のような手順で読書感想文を書くとよいでしょう。

❶本の中で印象に残った部分を取り上げる
❷その理由を書く
❸それと同じような自分の経験・体験を書く
❹感情表現のリストからその時の自分の気持ちを書く

＊読書感想文の構成方法はいくつもありますが、このような形は比較的書きやすいです。

以上の4つを入れておくと読書感想文の形になっていきます。

要約問題が苦手であれば、同様に「話す」→「書く」という順番で誘導してあげるといいでしょう。この「話す」ことをせずに、いきなり「書く」段階から入ることに抵抗がない子であれば別ですが、そうでない子は、書くことに慣れる必要があるでしょう。そして、慣れてきたら「話す」ことを、徐々に少なくして、最後は、「読む↓書く」ということが自分ででできるように移行させていきます。これでようやく「読書感想文」が自分でそれなりに書けるという段階になることでしょう。

第3節

気持ちを表す感情表現特集

作文も読書感想文も「気持ちを表現しなさい」という指導やアドバイスを受けることがあります。先ほども書きましたが、本をたくさん読んでいる子を除いては、通常、子どもたちは「表現する言葉」を知りません。「楽しい」「面白い」「つまらない」「うれしい」「悲しい」程度しか表現できないため、作文も読書感想文も単調にならざるを得ません。作文や読書感想文を書く目的の1つに「言葉を学ぶ」ということがあります。つまり、自分の感情や気持ちを正しく表現するための「言葉選び」をしながら、子どもは言葉を学んでいきます。このようなことを通じてボキャブラリーが増えていくのです。使おうとしなければいつまでも獲得できません。

そこで、私は『読書しょうかいノート』（学研ステイフル）というのを作りました。こちらは、通常の読書感想文の書き方とは異なり、ポイントがつかめるように誘導するノウハウが詰まっています。さらに、子どもが使う感情表現集を入れました。その中から「自分の今の気持ちに合う表現」が選べるようになっています。

このようにすることで、子どもたちは「書くことが楽しい」という状態になるのです。仕掛けが本当に重要というのはこのことなのですね。

感情表現は、このように何かリストを用意し、そこから選んで書くという形にしておいた方がいいです。ネットで検索キーワードを入れて調べれば、たくさん出てきます。そのようなリストを使ってもいいですし、次に紹介する国語の教科書で有名な光村図書さんの「語彙力を高める『言葉の宝箱』」を利用されてもいいでしょう。こちらは学年別になっていて、さらに2020年度以降の新しい教科書対応になっています。

作文・読書感想文で使う感情表現の例

2年生	3年生	4年生	5年生	6年生
おもしろい	さわやか	むちゅう	ほほえましい	したう
楽しい	気分がいい	打ちこむ	ほれぼれする	あこがれる
わくわくする	きげんがいい	期待	会心	好感をもつ
うれしい	まんぞく	引きつけられる	ときめく	いとしい
よろこぶ	気楽	心温まる	共感	待ち望む
ほっとする	落ち着く	感動	熱を上げる	心にひびく
気もちがいい	ゆかい	関心をもつ	こみ上げる	圧倒される
さっぱりする	待ち遠しい	うかれる	むねにひびく	我を忘れる
気に入る	なつかしい	気はずかしい	むねがすく	痛快
へいき	決心	注意	快い	ここちよい
おどろく	決意	がっかり	軽快	意気ごむ
どきどきする	ひっし	苦手	声がはずむ	くつろぐ
気もちがわるい	本気	にくい	むねが高なる	気が楽になる
しんぱいする	こうふん	なやむ	引かれる	解放感

出典：「語彙力を高める『言葉の宝箱』」（光村図書）より
https://assets.mitsumura-tosho.co.jp/3716/7531/7943/2020k_guide_03.pdf

注意

感情表現リストの使い方ですが、実際に文章を書く前に、リストを見ながら、どのような気持ち表現を「使いたいか」を「口頭」で選ばせます。この「使いたいか」「口頭（または丸で囲っておく程度）」というのが重要なのです。

「使わなければならない」ではなく「使いたい」ということを重視します。多くの子どもたちは、新しい言葉を使うことに新鮮さを感じ、前向きになります。嫌がるときは親が「こっちを使いなさい（強制）」「それ全然違う（否定）」という流れを作っていることが多いです。そのような形をとるのではなく、あくまでも子どもの意思を尊重していきます。アドバイス程度は良いかと思いますが、アドバイスが誘導、強制、否定になると途端に子どもは口を閉ざします。

Chapter 6

科目別勉強法（親のサポートの仕方）

科目別勉強法（親のサポートの仕方）

家庭での勉強のサポートでお困りですか？
はい！
ちゃんと教えてるのに分からないって
それで喧嘩になったりするんです…
なんで分からないの？
お母さんの教え方が悪いの！
親は先生のようにプロではないですからね
そうなんですよ！
それではプロでなくても効果の出る
国語
算数
理科
社会
英語
プログラミング
教科別です
勉強の教え方を説明しましょう

このチャプターでは、科目別勉強法についてお話ししますが、子どもがどうやって勉強するかというよりも、親がどうサポートできるかという視点で書きました。本来、親は先生ではないので、勉強を教える必要はないのですが、それでも現実的にはサポートをする程度は必要になっていますよね。その際、「どうやってサポートをしてあげればいいの?」と気になると思います。なぜ、このようなことを小学生の勉強法でお伝えするかというと、親が子どもの勉強をサポートする時に、間違って教えているという場面に遭遇するからなのです。どうせ教えるのであれば、効果が上がる教え方をしてあげたほうが、親子ともどもにとっていいですよね。そうでないと親子喧嘩で終わりますから。

親は教えるプロではないため、教え方を一般的には知りません。ですから、ここではプロでない親でも効果が出せる勉強の教え方をお話ししますね。

第1節

国語の勉強法（読解力を高めるやり方）

国語はボキャブラリー（言葉）の数と読解の2つに分かれます。言葉をたくさん知っていると有利です。さらに、読解力（何を言っているか理解できる力）があると最強です。しかし、世の中の多くの国語の勉強をみていると、言葉を表面的に暗記しているだけ、文章の意味がわからずただ「字ヅラ」を追っているだけなのが現実なのです。

なぜこうなってしまうのか？　それは国語の教え方を知らないというのが理由です。国語ができる子は、このような教え方をしなくても、自分で勝手にできるのです。なぜできるかわかりませんが、先天的に備わっているとしか思えないぐらい勝手にしています。そのような子は大人になってから、人に教えることができません。なぜなら、「できない人はどう見えているか」「できない人はどうやっているか」がわからないからです。

私は、国語が全くできない人間だったのですが、その後、偏差値が2倍になり、一気にできるようになった経験をしています。それもあり、できない子の読み方、見え方を知っているのです。その後、塾で子どもたちに国語を教えた際、「国語が全くできない→国語が一番できる」と180度ひっくり返すことができたのは、こういう背景があるからなのです。

さらに、読解力がつくと、他教科の点数が上がり出します。そのうえ中学、高校でも威力を発揮していくため、読解力は勉強の根幹と言われるのです。その最も重要な「根幹」を作る方法について、ここでお伝えします。なお、この方法については、これまでの書籍では公開していないため、初公開となります。

教えるときの最大ポイント

この2つを行なっていれば国語の力は伸びていきます。

●「自分で読ませる」だけでなく「読み聞かせをする」
●「答えを書かせる」前に「思ったことを口で言わせる」

前のチャプターでもお話ししましたが、人間は「聞く↓話す↓読む↓書く」という順番で技能を習得してきました。最も難しい技能が、「読む」と「書く」なのです。その難しいことをいきなりやらせているのが「国語」です。では子どもたちは、学校で学んだことで「読む」「書く」ができるようになってきたのでしょうか。

昨今の子どもたちの読解力調査を行った結果、なんと小学生の半分は教科書が読めていないことがわかったという話を聞いた方もいらっしゃることでしょう。私のこれまでの経験では、もっと多いと思います。大人たちは、子どもたちが国語の文章を読んでいる姿を見ても、実際、どのように読んでいるかはわかりません。意味を理解せずに字ヅラを追っていても、周囲の大人は読めていると勘違いしていることが多いということなのです。読めていないのだから、書くことはさらにできません。

子どもたちにとってハードルの高い「読む」「書く」ばかりをしている以上、字ヅラを追う子たちは、いつまでも国語ができるようにはなりません。この状態は大学受験まで続きます。

そこで次のような方法で子どもをサポートしていきます。

❶ボキャブラリーを獲得する

言葉を知っている子は国語ができる傾向にあります。**言葉というのは、知っていても使わないと意味がありません。**そこで親ができる方法として次のような方法をとってみてください。

親が子ども言葉を使わずに、あえて大人言葉を意識して使ってみる

大人言葉とは、あえて言えば「熟語」です。例えば「驚いた〜」というところを、「驚異的〜」とか「驚嘆した！」と言ってみるのです。漢字が多い表現と言ってもいいでしょう。四字熟語を使ってもいいでしょう。まず日常生活では使わないと思いますが、「一石二鳥やったね〜」とか「四面楚歌(しめんそか)やな〜」とか。子どもは意味がわからなくても、会話の文脈の中で何となく感じていくものなのです。

ここで、親の教養が試されると思ってはいけません。少し意識するだけでいいのです。あまり深く考える必要はありません。もし親が、子どもが今どのような漢字を習っているかを知っているなら、その漢字を用いた言葉を使う方法もあります。いずれにしても、**子どもが小学生だからといって、易しい表現を使う必要はなく、逆に意味がわからなくても大人言葉を使ってしまう方が実は間接的な勉強になっているということなのです。**

学年を超えた言葉を学んで使ってみる

言葉（漢字）は各学年で習う種類が決まっていますが、日常生活を送る上ではそのような概念は取っ払いましょう。教育課程上の漢字は、便宜上、学年別に分けられているだけで、日常には漢字や言葉があふれています。特に子どもが好きな分野の本や図鑑には漢字や新しい言葉がたくさん出てきます。それを積極的に読ませて、使わせていく（解説させる）のです。好きな領域ならば、子どもは知りたがります。そして、新たに知ったならば、そのことについて説明してもらうのです。そのようにさせることで、次の3つの力が身につくのです。

●意味を理解しないと説明できないので読解力が身につく
●説明の時に言葉を使わないといけないので、ボキャブラリーが実践的に身につく
●相手に伝えなければならないので表現力が身につく

鉄道好きなら鉄道のことを、昆虫好きなら昆虫のことを、アイドル好きならアイドルのことを、ゲームが好きなら攻略本の内容など、子どもが興味を持っていて、なおかつ活字で知ることができる分野で行います（例えばゲームをただするだけの場合、ゲームに関する活字の本を読まないのであれば、これに該当しません）。

❷読解力をつける方法

読解力とは意味を理解する力ともいえます。しかし、この「意味を理解する」という意味はおわかりでしょうか。どういう状態を意味がわかったと言えるのでしょうか。実はこれが意外と知られていないんです。そこではじめに、意味を理解している状態とはどういう状態かを左ページに図解でお話ししますね。

字ヅラを追っている子と意味を理解する子の違い

1 国語の問題で「主人公はなぜ、○○のようなことをしたのでしょうか？」という設問があったとき

【字ヅラを追っている子】

文章の中に答えがあるはず……

【意味を理解する子】

2 英語の問題で「I don't like Ken because he is always late for school.」を訳しなさいという問題があったとき

【字ヅラを追っている子】

私はケンが好きではありません。なぜなら彼はいつも学校に遅刻するからです
次の問題をやろう

【意味を理解する子】

遅刻ぐらいで、なんで嫌いになる必要があるんだ。おかしくね？

いかがでしょうか？

これが「字ヅラを追っている子」と、「意味を理解する子」の違いなのです。言い換えれば、読解力がない子とある子の違いともいえます。つまり、**意味を理解する子は、「文章との対話」をしているのです。**しかし、多くの子どもたちは、それができません。そこで、周囲の大人がサポートしてあげるといいのです。ではその進め方についてお伝えしますね。

国語を伸ばすためのサポート方法

はじめは時間をとって、子どもに読ませて、子どもに解答させます（例：20分で文章を読んで問いに答える）。

そのあとに、すぐ答え合わせをしてはいけません。通常はここで答え合わせをしてしまいます。だからいつまでもできるようにならないのです。

では、何をするかといえば、「読み聞かせ」です。

物語パターンであればまとまりある一つの場面まで、説明文パターンであれば第一段落だけを読み聞かせします。多くの子どもは、字ヅラを追っているので、意味が理解できていませんが、読み聞かせをすると意味がわかります。

そこで、そのまとまりある段落の中で、設問とは関係のない質問をします。

例

- 物語で、「A君はB君とすれ違ったが何も言わなかった……」って書いてあるけど、あなただったらどうする？
- 説明文で「地球の環境は今、大変な状況に置かれている……」みたいだけど、なんか環境でやばいことってあるかな？
- 「この段落ってさあ、要するに何言ってるのかな？」「一言でいうと何の話？」

このような質問をすると何が起こるかといえば、**子どもがこの文章の世界に入ってくるという現象が起こるのです。**つまり当事者意識が出てくるのです。このような問いかけをすることで、子どもを引き込んでいくのです。皆さんは、子どもが小さい時に絵本の読み聞かせをしていた時、おそらくただ棒読みで読んでいたのではなく、何かしら補足説明をしたり、問いかけていたりしたことでしょう。それをするのです。実はこれが読解力を高めるための「秘策」なのです。これをしていけば必ず自分で読んで理解できるようになります。

設問に差し掛かったら、その問題を解きますが、それをクイズ的にします（全文を読んでから設問を解かずに、設問に差し掛かったら解きます）。

設問も読んであげます。選択肢も読みます。クイズというのは、2つの要素が入っています。1つは「時間制限」があること。もう1つは「ヒント」があることです。この2つの要素を入れていきます。

例

傍線部の筆者の気持ちは次のうちどれでしょうか。当てはまるものを選びなさい。

①……、②………、③………、④……

はい、制限時間15秒。

（手が止まっていたら）第1ヒントを言います。それで制限時間15秒。

（それでも手が止まっていたら）第2ヒントを言います。そして制限時間15秒。

これ以上のヒントになると答えになるので、ここで終了です。

実はこのアプローチは、ヒントがありながらも自分の力で考えて解くという訓練になっているのです。ですから、時間制限とヒントの2つを使って、設問を解いていきます。

このようにして、ひと段落ごとに設問を解いていきます。そして、**この読み聞かせは徐々になくしていきます。**例えば、難しい段落だけ読み聞かせしてあげるなど、段階的に外していきます。最後は、自分で読んで、自分で答えられるようにしていきます。これを「教育」といいます。ですから、いきなり読ませて、読めてもいないのに問題を解かせ、○×をつける作業は、「教育」とはいわないのです。

最後に、168～169ページに補足を載せておきますね。

小説・物語の読解パターン

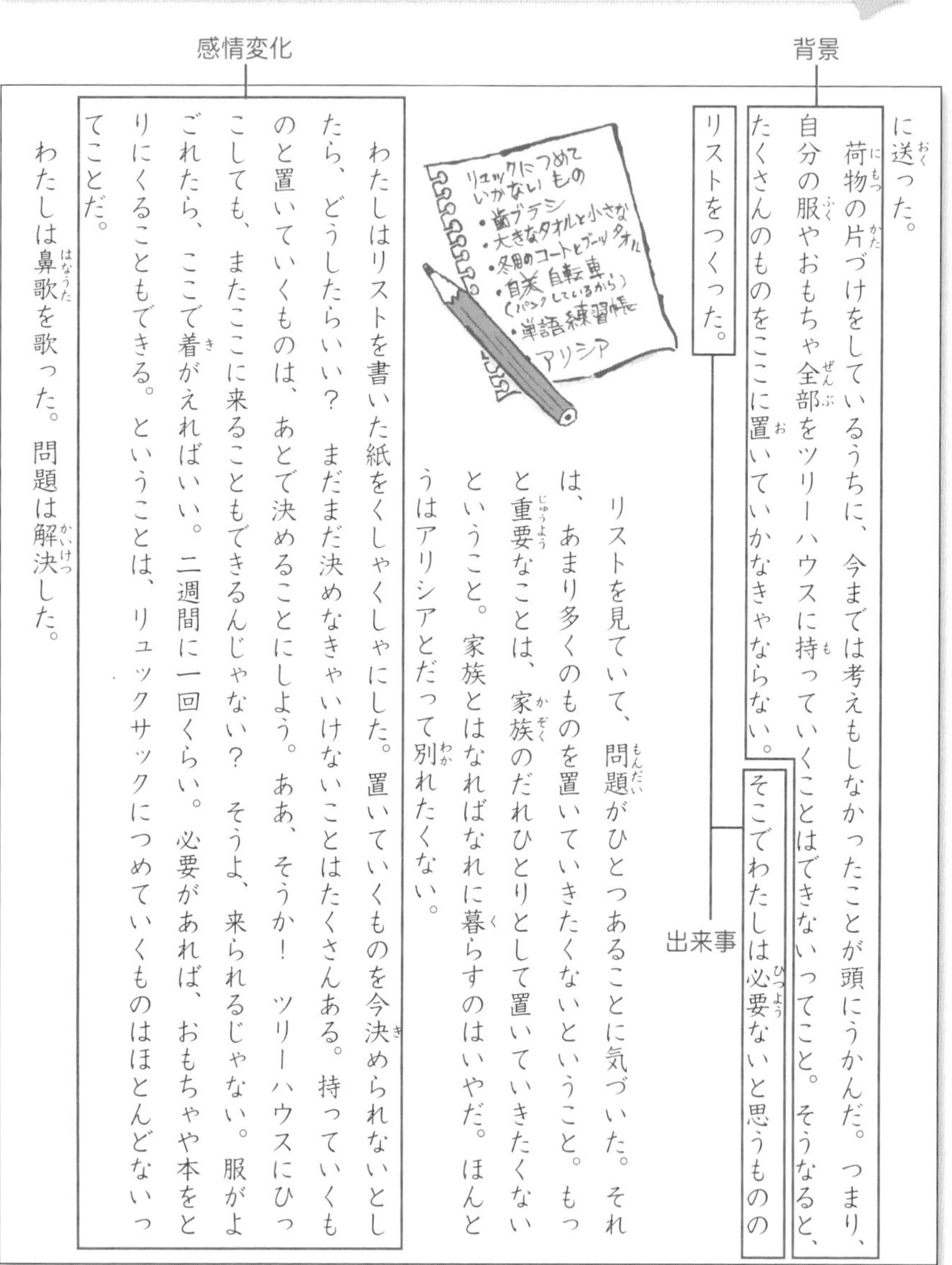

に送った。

荷物の片づけをしているうちに、今までは考えもしなかったことが頭にうかんだ。つまり、自分の服やおもちゃ全部をツリーハウスに持っていくことはできないってこと。そうなると、たくさんのものをここに置いていかなきゃならない。

そこでわたしは必要ないと思うもののリストをつくった。

リストを見ていて、問題がひとつあることに気づいた。それは、あまり多くのものを置いていきたくないということ。もっと重要なことは、家族のだれひとりとして置いていきたくないということ。家族とはなればなれに暮らすのはいやだ。ほんとうはアリシアとだって別れたくない。

わたしはリストを書いた紙をくしゃくしゃにした。置いていくものを今決められないとしたら、どうしたらいい？　まだまだ決めなきゃいけないことはたくさんある。持っていくものと置いていくものは、あとで決めることにしよう。ああ、そうか！　ツリーハウスにひっこしても、またここに来ることもできるんじゃない？　そうよ、来られるじゃない。服がよごれたら、ここで着がえればいい。二週間に一回くらい。必要があれば、おもちゃや本をとりにくることもできる。ということは、リュックサックにつめていくものはほとんどないってことだ。

わたしは鼻歌を歌った。問題は解決した。

【背景】【出来事】【感情変化】この３つの区別ができていると読める。設問はこの３つの部分を対象に作られている。　（出典：H.M.ボウマン『金魚ははらぺこっ!!』文研出版）

説明文・論説の読解パターン

①段落

なんとか髪の毛が生えてきますようにと、今でも一週間に一度、病院で治療を受けていますが、なかなかよい結果がでません。

②段落

髪を無くした子どもたちが、本当に欲しいのはウィッグではありません。自分の髪の毛です。しかし、どんなに手を尽くしても、髪の毛が生えてこないときに、ウィッグのことを考えるのです。

黒いぼうしを作ってくれたおばさんが、ヘアドネーションのテレビ番組を録画したビデオを持ってきてくれました。それはＮＨＫで放送された「にっぽん紀行」という番組でした。

だまったまま、愛夕ちゃんは食い入るように画面を見つめます。

「愛夕も欲しい……」

今までどんなにすすめても、いらないと言い張っていたのにどうしたのでしょうか？

番組の最後で、小さな女の子が長い髪を自分でとく練習をしている場面がでてきました。愛夕ちゃんも一年生の時は三つあみができるくらい髪が長かったのです。七五三のお参りのときには、水色のドレスを着ておしゃれなぼうしをかぶった写真が残っています。

幼い頃の楽しかった思い出が、愛夕ちゃんの胸の中にあふれでたのかもしれません。お母さんはさっそくインターネットで調べて、ジャーダックの渡辺さんに連絡を取りました。

「１つの段落には１つの言いたいことしか書いていない」という大原則がある。そこで、段落内の全ての文の意味がわからなくてもいい、段落全体として「だいたい言いたいこと」がわかればOKにするという感覚で進める。子どもは基本的に真面目なので、わからない文があるとそれだけで読みたくないとなります。

（出典：別司芳子『髪がつなぐ物語』文研出版）

第2節

算数の勉強法（計算力と図にできる力）

算数は、基本的にチャプター3で書いたように、毎日の計算ルーチンがかなり重要です。しかし、計算だけできていればいいのかというとそうではありませんよね。文章題や図形などもありますから。この本では、算数の具体的な問題の解き方を教えることはしません。分数の解き方とか、速さの問題の解き方とか。

本書は、問題集ではないので、そのような解き方は書きません。では、何をお話しするかといえば、取り組み方や考え方についてです。これならば、親がサポートできると思うからです。問題の解き方を教えるのは先生の役割であり、小学校低学年であればまだしも、高学年になっていくにつれて勉強の内容を教えるという機会は通常減ります。ましてや中学受験の問題などは、手がつけられないでしょうから。

そういった個別の解き方は、問題集を読んだり、先生に聞いたりするといいでしょう。家庭では、もっとそのバックグラウンドにあたる部分を整えていきます。

では算数ができるようになるコツを書きます。

まず、算数は計算力があることが前提なので、それは日々のルーチンで鍛えていきます。「**計算スピードが速い＝算数ができる**」と考えていただいていいでしょう。もちろん、計算が遅くても算数ができる子がいないとは限りません。これまでもそのような子どもたちを見てきましたが、例外だと思ってください。やはり、算数の成績は計算スピードに比例します。しかし、先ほども言った通り、算数の勉強にはただの計算だけでなく、文章題や図形問題などもありますね。そこで、そのような勉強をする時は次のように進めてください（実際は問題集ベースでやります）。

❶全体像を見る（目次を見て、今どの部分を学んでいるのか現在地点を確認する）

「小４の算数は全部で章がいくつあって、今回学ぶ章はいくつの節でできているのか」という感じで見ていきます。ちょうど地図を見て、ゴールと現在地が確認できるということにあたります。これをすることで、漫然とした勉強から、あとどれぐらいで到着するかというゴールを目指した勉強に変わります。

❷パターンで分類する

いくつのパターンがあるか言えるか。例えば、速さの問題の基本パターンはいくつあって、それぞれどんなタイプの問題なのかを「口で言える」かどうか。算数に限らず理科、社会もそうですが、学問というものは皆、「体系」立てられ、そして、分類されているのです。その分類がわからないと、情報の整理整頓ができません。ですから、「新しく学ぶ単元は、全部で４つのパターンがあって、その４つそれぞれの変形版で問題が作られている」などということを教えてください。そうしないと、子どもの頭の中は情報の洪水となり、知識がつながらないので、定着しないのです。ぜひ、分類をしてあげてください。これは大人が見ればすぐにわかります。

❸文章題などは解き方がわかれば計算をしなくてもいい

これは、意外に思うことでしょう。何しろ算数・数学は、計算して「最後の答えが合わないとダメ」と教えられてきていますから。もちろんテストでは答えが合わないといけません。しかし、日常の勉強では答えが合うことより、「解き方がわかる方が学び」なのです。もちろん計算方法がわからないという場合は、それを学びます。ただ、凡ミスや計算ミスはわかっているものなので、それはスルーします（日々のルーチンワークである計算問題でのミスはスルーしません。あくまでも単純計算問題ではない応用問題、文章題、図形などでの話です）。

もう一度言います。**算数は解き方がわかればいいのであって、それを細かいことにこだわって本質を見失うようなこと（例：凡ミスにいつまでもこだわる、計算ミスで何度もやり直す）をする時間はもったいないです。**日々のルーチンワークの計算ドリルを除いては。

文章題を考える際は、図に描いて理解することが大切です。高学年になるにつれて問題も複雑になりますので、低学年のうちから図で考えるくせをつけておくといいでしょう。

【問題】

6mのリボンを３人で分けると,
１人分の長さは何mになりますか。

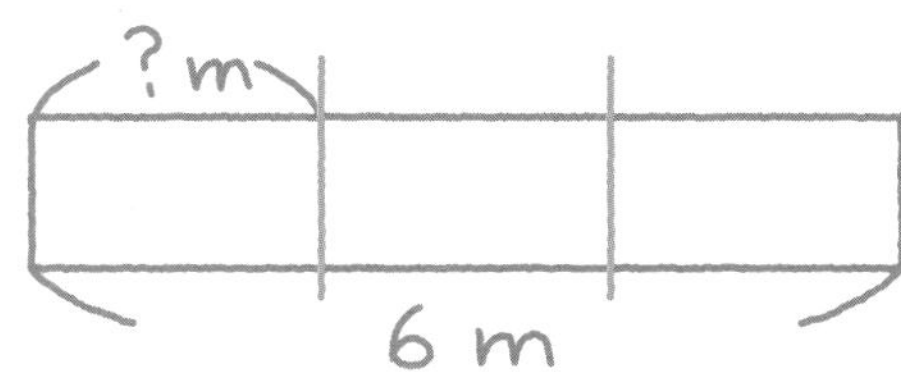

❹ 家庭で算数を勉強するときはボールペンを使ってみる

これも驚きの話でしょう。私は中学生以上には、数学を家で勉強するときは「ボールペンを使うように」と言います。シャーペンであると芯が折れたり、消しゴムで消したりという時間がもったいないからです。その時間で集中力も削がれます。そういう意味では鉛筆の方がいいかもしれませんが、書いているうちに芯の先が太くなったり、鉛筆を交換しなくてはなりません。これもストレスになる場合があります。

それよりもボールペンを使って、**ノートや裏紙に、殴り書きのように計算していく方がスピードも速く、さらに間違いが少なくなっていくのです。**もし、間違えたら×にして、また書いていきます。このような習慣があると、本番の試験でシャーペンを使っても間違えて書くことが少なくなるというメリットがあります。

この方法は、数々の成果があるため、中高生には必ず話をしています。小学生は無理にボールペンを使う必要はないですが、一度試してみるといいと思います。子どもがこちらの方がやりやすいと言うのであれば、この方法でするといいでしょう。

（重要：子どもが書きやすいというボールペンを使わせてください。無料でもらったすぐ壊れるようなボールペンはやめた方がいいです。書いていて疲れるようなものは勉強に対して疲労感ばかり残すため、文具の選

択は重要なのです）

また、ボールペンを使って勉強する際、算数は字が判別できる程度に書けていればいいです。きれいにきちんと計算しているうちは算数の成績は伸びません。例えば、分数の線を定規で引くという子は残念ながら、算数ができるようになりません。速度が遅いうえに、きれいに書くことを目的に算数をしているからなのです。

ボールペンを使うとき、使い切った芯をためておくと、「年間でどれだけ消費したか＝算数を勉強したか」がわかります。

最後に、ボールペンは黒ではなく青がいいと言われています。ただ個人差があるので、黒、青両方試してみてください。子どもが選んだもので進めるといいでしょう。あくまでも、親の判断ではなく、子どもの感性を優先してくださいね。

第3節

理科・社会の勉強法（実社会との接点を作る力）

理科、社会の勉強は、基本的には「授業→問題集」という流れで、問題集を3回転するというチャプター4の通りにやれば知識はインプットされ、点数は上がっていきます。しかし、机上の勉強というのは実につまらないもので、実践とつながらないと退屈になり、やる気が起きないということになりかねません。なので、理科、社会は資料集という、ビジュアル化された副教材があります。ビジュアル化できるということは、それだけ**日常との接点が多い科目ということなのです。**

そこで、次のように、家庭で理科、社会に対してできることに集中してバックアップしてあげることが、理科、社会に対する興味関心の向上のみならず、理科的思考、社会的思考の養成につながります。家庭ではそこを重視してみてください。

〈理科〉理科の根本は「仮説→検証」つまり「日常の探究」

理科的思考とは何か、わかりやすくいうと「仮説→検証」。つまり、上の図解のような思考プロセスです。この流れが理科的思考です。簡単にいうと**「疑問から始まり、調べていく」**という流れなのですね。

理科的思考を養うためには、「日常の探究」がポイントになります。イメージ的には、**子どもが興味関心を持ったことを「深掘り」する**感じです。通常、多くの子は「うっすら疑問」を持ちますが、それだけで終わることが多いので、それを「調べる」という行為まで進めれば、この理科的思考が身につきます。調べる際、図鑑、辞書など紙のツールで調べてもいいですし、ネットで調べてもいいと思います。特に外出時、旅行時では紙のツールを持ち運ぶのは難しいので、ネット検索で調べます。この調べるという行為は、「興味関心の消費期限内」にしないと、その後調べなくなります。いかにタイムリーにするか、ここがコツです。

〈社会〉社会は世の中とのリンクを作る（日常の体験）

社会は、地理にしても歴史にしても公民にしても、すべて人間の活動にリンクしている科目です。しかもかなり幅広く学びます。どこで何が生産されているのかとか、地形がどうなっているから何の産業が生まれているのかとか、人類の過去はどうなっていたか、今の社会はどのように動いているのかなど、これらを学ぶのが社会科です。

ということは、世の中の出来事とリンクしているため、幅広い体験が基本になります。体験といっても、各ご家庭の事情によって、行動できる範囲は変わってきますよね。行動範囲が、世界の人もいれば、日本国内の人も、または都道府県内の人、市内や町内の人と様々でしょう。行動範囲が広いとそれだけ多くの経験や体験をすることになりますが、何もそんなに広げなくても、幅広い体験はできるのです。テレビを見ることによる擬似体験もありますし、YouTubeを見ることによってもそれはできます。直接体験と比べるとインパクトは弱いかもしれませんが、社会的思考は、深さよりも幅の広さなので、インパクトはそれほど強くなくてもいいでしょう。

たまたま家族旅行で行った場所が教科書に出てきた場所とリンクしたとか、たまたま行った歴史資料館のおじちゃんが話してくれたことと学校の授業内容がリンクしたとか。

これは、別にインパクトのある出来事ではないですが、学校の勉強内容とリンクした時、社会科の面白さが実感できるのです。もちろん、社会科は幅が広いので、全てを体験、経験してリンクさせることは不可能です。一部のリンクがあれば、それだけで子どもは面白く感じるでしょう。

そこで活かされるのは、チャプター2です。ここでは、〝賢い〟頭脳を作るためのマジックワードを出しました。これを日常で使っていくことで、小学生の行動範囲内でも、たくさんの社会にリンクする出来事があります。

私がオススメしている社会科へのリンク

「出かけるときに地図帳やGoogleマップを利用して子どもに案内してもらう」

「歴史のマンガを読んでみる」

「例えば憲法は難しいが、視点を変えると喧嘩のとき使える（基本的人権とか）」

「近くにあったらお城を訪問してみる」

「食材がどこで作られているのか見てみる（外食先でも）」

「100円均一ショップはなぜ儲かるの？（どれくらい売らないとやっていけないとか）」

「コンビニで売れ残った食材はどうなる？」

「分別収集してその後どうなる？　本当に再生してる？　どこで？」

「テレビの天気予報で最高気温を叩き出す都市に共通することは？（なぜいつも同じところが暑い？）」


人間の活動に関するものであれば、必ず社会科にリンクしていきます。私はウォーキングをやっていたこともあり、東海道五十三次の500キロを家族で歩ききったのですが、子どもが小2と幼稚園年中さんの時から歩きはじめ、44回に分けて2年4ケ月で京都の三条大橋までたどり着きました。これは子どものためではなく、自分が楽しいから始めたことで、子どもはただの道連れです。

しかし、後からわかったのですが、子どもが「地理・歴史」にかなり興味を持つようになったのです。例えば、「A君は東海道新幹線に乗って大阪まで行きました。その時に通過した川を東から順番に並べなさい」という問題が出た時に、子どもは「全部できたよ。だって全部歩いて渡ったから」と言っていました。

生きた教育になっていたということです。

重要なことは、子どもの教育のためと思ってすることだけでなく、ただ親が楽しいから出かける、親が楽しいから旅行するということでもよいということです。子どもは一見つまらなそうにしていても、大人の世界を見ているし、聞いているし、体験しているのですね。それが教育だと思います。

第４節

英語・プログラミングの勉強法

英語には苦手意識を持っている大人も多く、小学生レベルであっても、自宅でどう教えたらいいのか不安を感じてしまう人も多いでしょう。プログラミングに至っては、かじったこともないという人がほとんどで、いったいどうすればいいかと途方に暮れてしまうと思います。いずれも、どんな内容を学ぶのか、親が１００％理解する必要はありません。学びを楽しくするためのポイントをお伝えします。

英語の勉強法（自宅学習のやり方）

英語の勉強の仕方として、**私が最も推奨するのは音読**です。訳を確認しながら、歌の歌詞を覚えるように、何度もくり返して音読します。回数は中学生では20回と伝えていますが、小学生も可能であれば20回、難しければ10回から始めてみましょう。シンプルですが、これが一番効果的です。

もうひとつのおすすめは、やはり**英検をベースにした学習**でしょう。英検は読み書きなどバランスよく配合されているので、まずは5級から始めてみるのをおすすめします。試験なので「受験日」というゴールが明確ですし、合否という形ではっきり結果が出るので張り合いがあります。たとえ不合格であってもまた受験するチャンスは何度もあり、点数が出るので自分の得意不得意がわかります。合格すれば、さらに上の級をめざして頑張っていけます。検定試験なので合格すれば一定のステータスになりますし、高校・大学入試などでは試験免除の対象になるなどメリットもあります。

中学校の英語は中間期末テストがあり、それに向けた準備期間もあり、勉強したことが点数や評価にもつながるため、子ども自身が勉強することに意義を感じることができます。しかし、小学生にはそれがありません。そのため、英検などの目標を自ら設定して、それに向けて勉強するとよいと思います。**わかりやすいゴールや記録の見える化**が、英語学習のモチベーションを上げるのにも効果的です。

自分で教えられないものは、英会話教室などで専門家から教えてもらうほうがよいだろうという考えも間違いではないでしょう。ただ、闇雲にとにかく早く習わせればよいというものではありません。

早い段階で英語に出会うことによって、語学力が開花する子も中にはいます。ただし、まったくやっていない子と比べれば多少のアドバンテージはあるかもしれませんが、塾に行けば誰でも必ず英語ができるようになるというわけでもありません。逆に、最初は多少リードしていることに油断してしまって、途中で抜かれることもよくあります。

そもそも語学を習得するのに、週1回や2回程度の英会話教室では頻度が低く、定着しません。「英語を早くからやることは無駄にはならないが、ただし期待はしないように」ということを助言します。

また英語は、小学校から中学校への接続が難しいという問題が挙げられています。私の知る限りでは、韓国の小学校英語教育が最もうまくいっている事例だと思います。「TEE（Teaching English in English）」といって英語で英語を教えるというやり方なのですが、それでも中学校への接続には苦労をしているようです。

なぜ小学校で習ったことが、中学校で生きないのかというと、小学校では「話す」「聞く」を中心とした学習をしていたのに、中学校になると大学入試対策としての文法や読み書きが中心になるため、急にハードルが高くなったと感じてしまうのです。小学校から英語を始めるようになると、中学1年の段階ですでに差がついてしまうことになり、中学校でのリカバリーが難しくなります。また、早い段階で英語への苦手意識を持ってしまうのもデメリットです。

しかし全体として見れば、小学校から英語の学習を始めることにより全国の小中学生の英語レベルは上がっていると感じています。英検の取得率を見ればわかることですが、取得する学年も以前と比べて前倒しされてきています。

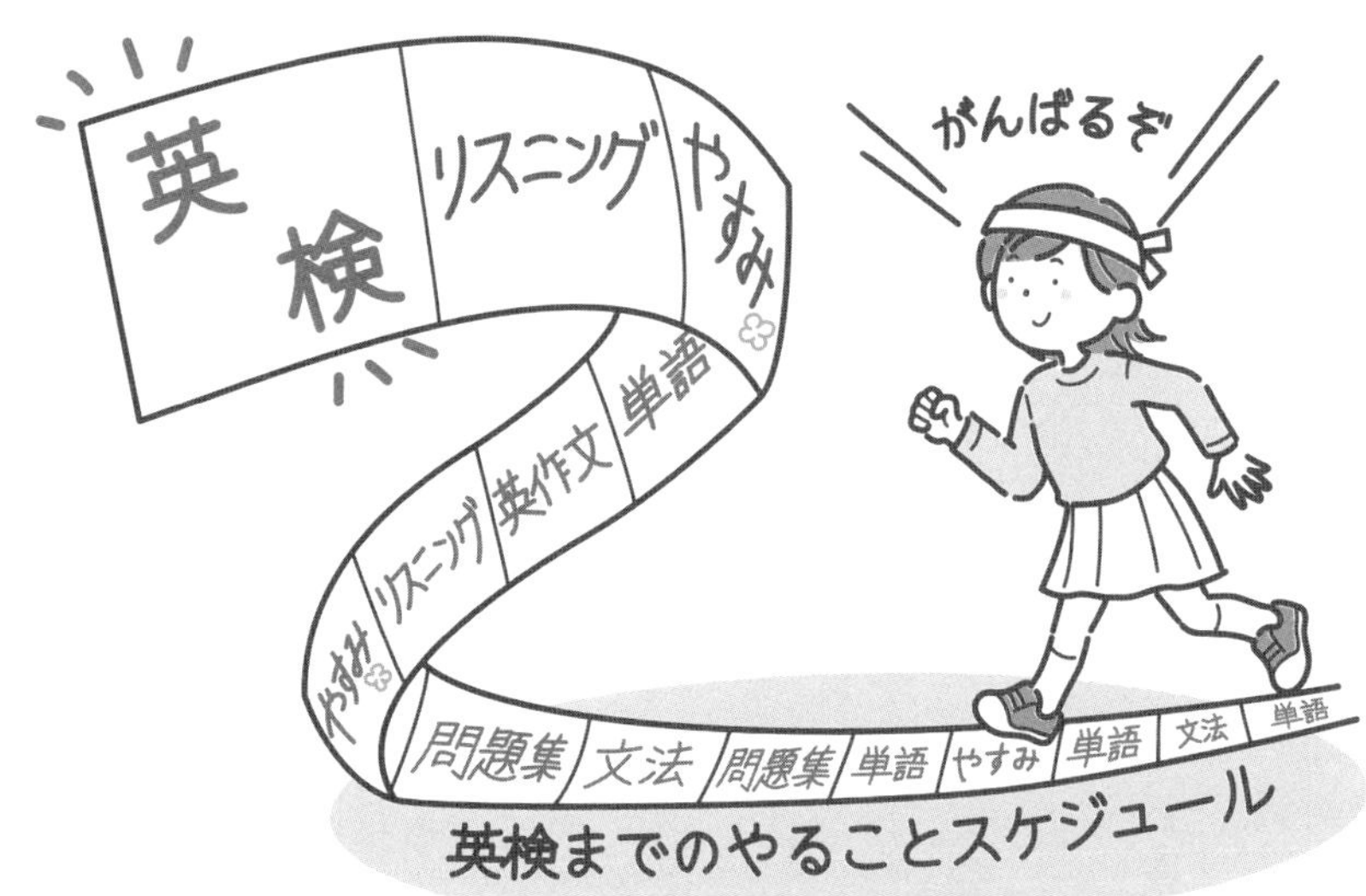

「プログラミング的思考」の身につけ方

これからの時代、コンピュータを活用することは必要不可欠であり、子どもたちの将来の可能性を広げるために導入されたのがプログラミング教育です。ただし、プログラミングが大切だということを知っているような感度の高い親であっても、せいぜい子どもをプログラミング教室に通わせるくらいで、**「プログラミング的思考」**というところにまで考えが及んでいる方は少ないと思います。

「プログラミング」と「プログラミング的思考」は、似ていますが別のものです。プログラミングとは、コンピュータに意図した動作をおこなわせるための指示を与えることで、プログラミング的思考とは、**意図した結果を導くためにはどのような手順を踏めばよいかを論理的に考えていく力**と言えます。大切なのは、プログラムを書けるようになることや、コンピュータを使いこなすことではないので、「コンピュータのことは全然わからない」という親でもサポートすることは可能なのです。

ちなみに「プログラミング的思考」について、文部科学省では次のように定義しています。

自分が意図する一連の活動を実現するために、どのような動きの組合せが必要であり、一つ一つの動きに対応した記号を、どのように組み合わせたらいいのか、記号の組合せをどのように改善していけば、より意図した活動に近づくのか、といったことを論理的に考えていく力

文部科学省「小学校プログラミング教育の手引（第二版）」

プログラミング的思考というのは、要は「手順」のことと考え、家庭において手順に関わることを少し意識して取り入れてみるのがおすすめです。**手順を構造化してそのとおりに進めることで、プログラミング的思考によるものごとの捉え方がわかるようになります。**

たとえば、食事の準備の時にテーブルを拭いてもらう場合、どういう手順が必要か考えさせます。

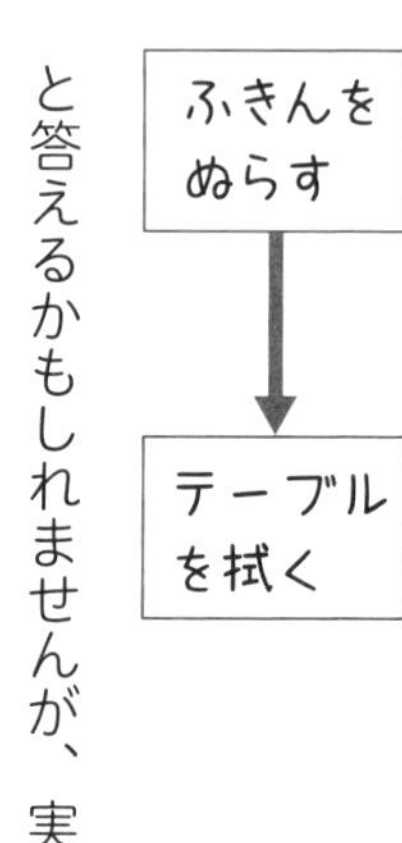

と答えるかもしれませんが、実際は、

ふきんを○番目の
引き出しから出す

↓

水道のレバーを上げて
水を出す

↓

ふきんをぬらす

↓

水道のレバーを下げて
水を止める

↓

ふきんを水がたれなく
なるまでしぼる

……

と、細かい手順で、詳細に分解する必要があります。こうしたことをくり返し、いろいろなものごとで考えさせることも「プログラミング的思考」を身につける助けになります。おつかいを頼んだとしたら、どういうルートで何を買っていけば効率がよくてミスがないか考えさせる、などという方法もあるでしょう。

手順というのは要は「時間軸」なのですが、大人とは違い、小学生、とくに低学年の子どもには時間軸の概念がまだありません。**子どもには「現在」しかなく、「未来」も「過去」も認識していない状態**なのです。もしも「未来」という概念があれば事前にちゃんと準備をするでしょうし、「過去」という概念があれば同じ失敗をくり返すことは少なくなるでしょう。何度言われても明日の用意をしないのも、同じような失敗をくり返すのも、決してだらしないわけでも親の言うことを無視しているわけでもないことはわかってあげてください（笑）。

ちなみに多くの場合、時間軸の概念が芽生えるのは女子では小学校高学年ごろ、男子では中2の9月ごろからと私のこれまでの経験からわかっています。個人差はありますが、このころから未来を感じて不安を覚えはじめたり、前もって準備をするという発想が出てきたりします。ですが、プログラミング的思考を学ぶことによって時間軸の概念を早めに身につけることができれば、スケジュール管理能力の向上につながることも期待できます。

Chapter 7

親が変われば
子どもが変わる
～親に必要な心得とは？

親が変われば子どもが変わる～親に必要な心得とは？

その後の小坂家

テストで良い点とれたよ！

見て見て！

僕の作文が先生に褒められたんだ

頑張ったね

わぁ

でしょー

良く書けてるね！

スッ

二人とも勉強ができるようになっていい感じですね！

石田先生！色々教えてくれてありがとうございました！

いえいえ私はただ…

勉強を通して子どもたちの自己肯定感を引き上げて欲しいのです
できたー！
ほめられた！
自己肯定感が高ければ変化の激しい時代でも乗り越えられるでしょう
ぐっ
ぴょーん
自己肯定感
変化の激しい時代
なるほど！
私たちにも何かできることはありますか？
はい！
親にも必要なマインドが3つあります
こちらも詳しく説明していきますね！
お願いします！

第1節

21世紀を生きる子どもたちのためにできること

いかがでしたか？　小学生の勉強法といっても、具体的な勉強法だけを知ったところで、付け焼刃的な対応にしかならないため、子どものタイプ別対応法や賢い頭脳にアップデートする方法を最初に述べました。

これらのお話は講演会やMama Caféプライムの勉強会ではおなじみの内容ですが、今の子どもたちは人類史上未曾有の世界で生きていて、少しでもそのサポートになればと思い、一冊の本としてまとめました。

21世紀は、求められる人物像が20世紀のそれとは大きく異なります。

とはいえ**20世紀型の知識教育もまだしばらくは残り、21世紀的な新しい探究型教育との混在は続く**でしょう。この2つを両立していくのは大変なので、頭脳（OS）のスペックを上げることで、20世紀型のソフト（勉強）も、21世紀型のソフトもインストールしてしまいましょう。そのために必要なことを、本書のチャプター1、チャプター2に書いています。そのような背景もあり、そこに紙面を相当割きました。

人の才能は皆異なります。子どもであっても、もちろん全員才能は異なります。

それはわかっていても、これまでの学校教育の「知識量という尺度」のみで能力を測られると、親は途端に勉強ができない我が子を心配すると同時に、子どもの才能そっちのけで勉強勉強と強要する可能性があります。その結果、学校の勉強ができないという理由だけで自己肯定感が下がってしまう子どもたちがいます。そのような子どもたちに、これまでたくさん出会ってきました。

私が勉強法を教え、成績が上がるように導くのは、よい成績を収めるためというよりは、勉強で下がった自己肯定感を引き上げるためです。成績を上げる、学力をつける、偏差値を上げることはいたって簡単です。何しろ方法がありますから。成績を上げて有名大学に行ってもいいし、名の知れた会社に入ってもいいのですが、それは最終的な目的ではありません。

子どもたちを自己肯定感の高い人にしていくことが目的なのです。

今後21世紀は、間違いなく学歴のみで測られる時代ではなくなります。もちろん、それなりの知識・学歴が必要とされる進路もありますが、大半の人には関係ありません。それよりも、**一人一人が持っている才能を開花させる道を歩む方が圧倒的に幸せ**なのです。

すでにそのような世界が始まっていますが、それを知らないのが昭和の人たちです（私も昭和ですが）。昭和の人が昭和のままでいるのはいいのですが、新しい時代を作る子どもたちは「昭和」を生きていくわけではないので、新しい価値観が必要です。

私たち大人は、これから新しい時代を生きる子どもたちの価値観を理解し、子どもの「自己肯定感」を引き上げ、「できる自分」というイメージを作ってあげることが重要でしょう。そうすることで子ども自身が満たされ、それにより「人を大切にする」こともできるようになります。そのような人間が、自分らしい人生を生きてハッピーになっていけるのです。

いずれ教育は、知識を単純記憶する必要がなくなり、考える力が試される教育にシフトします。しかし今はまだ知識教育が学校教育で残っているため、本書では「覚え方」も紹介しました。覚え方を知っておけばとりあえず点数は取れますし、受験であれば合格できます。勉強で自己肯定感を下げないためにも、ある程度、勉強はできた方がいいでしょう。

しかし、ハッピーな人生を歩んでもらいたいということであれば、その子らしい「良さ」

をぐんぐん伸ばしていくことが大切です。**他者との比較はせず、その子の中にある良い部分をさらに上げていきましょう。**これは、時代を超えても変わらない「人財育成の最大原則」です。決して、「短所をいじる」ことではないのです。

子どもの中にある良い部分にフォーカスして、我が子のイケてる部分を引き上げていくこと。これができれば、子どもは後々、短所は自分自身で修正をかけていきます。

親もハッピーなマインドで

皆さんも、デジタル化などの時代の変化に加え、コロナ禍では本当に大変な時期を過ごされたと思います。そんな中、親に必要なマインドとは何か、次の3つが多くの人に当てはまると思います。

❶ものごとを俯瞰的に見る

どういうことか、山を喩えにして具体と抽象の話で説明しましょう。

地上（山の麓）では、目の前の景色は細かい点までよく見えます。これは、具体的に個別にものごとを見ている状態です。それが山を登って五合目付近まで来ると、麓の景色はざっくりとしか見えなくなってきます。頂上まで登ってしまえば、かなりぼんやりとしか見えません。この状態が、ものごとを俯瞰的に見ている状態です。

親の視点が地上からのものだと、子どもの細かいところまで（特に欠点が！）目について、ここがダメ、あそこもダメ、あれをしなきゃ、これをしなきゃと心が休まることがありません。しかし、山の頂上から遠くの景色を見るように俯瞰的な視点に切り替えると、子どもに関する細かいことは見えなくなり、大まかに捉えられるようになります。ダメ出ししていたあれこれが気にならなくなり、親自身が安心できるようになります。**親が精神的に安定すると、自然と子どもへの言葉かけが変わり、子どもも安定して肯定的な方向に変わる**、というよいサイクルが生まれるのです。

❷ ものごとを長期的に見る

子育てというのは、次々と景色が変わっていく長距離走のようなものです。問題点も次々と変わっていき、**今起こっていることがずっと続くわけではありません。**

大人はつい、何か問題を見つけると、すぐになんとかしなくてはと考えがちです。我が子のこととなればなおさらでしょう。

しかし大人と違って、子どもはものすごい勢いで成長しています。大人があれこれ対処法を考えている間に、子どもは全然違うところへ行って、全然違う問題を抱えていたりします。

子育てに余裕をなくしていると、「今」という一点に目線が集中して大問題に見えていることも、長期的に見れば「誤差」ということもあります。もっと長い目で子どもの成長を見守っていきましょう。

❸ 笑うことを日常的に取り入れる

これは簡単に実践しやすいことなの

で、特におすすめしています。

人は自分の意識と同じものに反応するようになっています。例えば、イライラしているときにはイライラするものに共鳴してしまって、負のスパイラルが起こります。子育て中は、どうしてもせわしなくなり、イライラしがちです。すると、子どもの挙動の中にイライラする要素を探すようになってしまうのです。それよりも、**日々の中に楽しみを見出して、意識的に自分の心を楽しませる状態に持っていきましょう**。すると子どもの長所に目が行くようになり、子どもへの言葉かけも自然と変わるというサイクルが生まれます。

これら3つを、一度に全部実践しようとしなくても大丈夫です。まずは1つでいいので実践してみてください。すると、自然とすべてが連鎖してできるようになりますよ。

悩みを抱える保護者には真面目な人が多く、「こうでなければならない」という自分の考えがあり、その枠の中に子どもを入れようとしたり、そこから外れないように監視したりしがちです。そうではなく、子どもをよく観察して、その子に合った育て方をすることが大事だと思います。

Special contents 1

小学生に関する よくある質問集（FAQ）

小学生に関するよくある質問集（FAQ）

まずゲームやスマホについてですが
子どもとなぜ今の状況が問題なのか話し合い、
ルールとペナルティを子どもに作らせることをおすすめします
どうしたらスマホばかりにならないかな？
うーん
決めた！
ペナルティ
ルール
ペナルティを嫌がった時はどうすればいいでしょうか？
やっぱりペナルティやらない
NO!
それは決めた事なので厳しくしなければいけませんよ
分かりました早速子どもと話し合ってみます
詳しいやり取りは次のページからの内容を参考にどうぞ
この他にも小学生に関するよくある質問に答えていきますよ
お願いします！

1

子どもがゲームやスマホにハマっている場合

この質問は、小学生ではダントツに多い質問です。全国の小中学生の大半がハマっているのではないかと錯覚するぐらいに数が多いです。この場合の考え方については詳細を『新時代の学び戦略』（日本工業新聞社）に書きましたので、そちらをご覧ください。ここでは、その概要について書いておきますね。

子どもがゲームやスマホにハマっていることに嫌悪感を示す親は比較的多いです。それは自分がそのような育ちをしていないからというのが根本的原因ですが、では何に嫌悪感を覚えるかといえば、このままハマってしまって勉強に向かわないのではないかという疑いです。これは、江戸時代の「コマ回し、メンコ、おはじきにハマっていて手習いの宿題をしない」、昭和時代の「テレビやマンガにハマって宿題をしない。このまま勉強に向かわなかったらどうしよう」とほぼ同じパターンです。ゲームやスマホがなければ勉強するのかというと、しませんん。別のことに時間を使うでしょう。本書で書いてきたようなことをすると、知的好奇心が高まるようになるため、勉強をする子にはなっていきますが、それでもずっとゲームばかり、スマホばかりだと、それは不安になりますよね。そこで、次のような方法で「秩序」を作っていくことをおすすめしています。

●あらためてなぜ今の状況が問題であるのか、冷静に話しあって、ルールとペナルティを子どもに作らせる

これまでは親から強制されて作られたルール、ペナルティがあったと思います。子どもは、一旦は受け入れたことでしょうが、いざ実行するとなると納得しませんし、場合によってはキレるということもあります。おかしな話ですが、よくある現象です。そこで、まずは、**ゲームにここまでハマることを、親はなぜ良しとしていないのかという点について、冷静に感情を交えずに話をする**のがいいでしょう。雰囲気としてはゆったりとした感じで、あまり深刻ではない状況を作られるといいでしょう。

さらに一歩進んで、**ルール、ペナルティを親からの押し付けではなく、子どもに決めさせていきます。**親から押し付けられたルールよりは自分で作ったルールの方が守る可能性が高

いためです。また、自律性の向上にも役立ちます。
そして、その話の中で、次の3つを決めさせていきます。

❶ルール
❷ルールが守れなかったときのペナルティ
❸ペナルティを実行するときにもし、(子どもが) それを受け入れないことがあったときどうするか

この3番目まで決めないといけないでしょう。スネたり、学校を休んだり、暴力的になったりする実績があるのであれば、もしそのようになったらどうするべきかというところまで決めておきます。そして、それを紙に書くかスマホのビデオで撮影しておきます。子どもはある種の誓いをしたということで、今後はこれまでのような状況にはなりにくいでしょう。

このときのやり取りは、例えば次のようにしていきます。

「もし、ゲームを持ったらゲームばかりしてしまうことになるかもしれないよね。どう

したらそうならないかな」

「そんなにしないから大丈夫」

「でも、もししてしまうことがあれば、お母さんは怒ることになるけど、それでもいいの?」

「……。それは嫌だと思う」

「じゃ、どうしたらいい」

「ルールを決める」

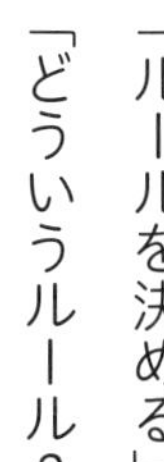

「どういうルール?」

「一日、1時間だけとか」

「じゃ、ルールは作ったとして、もしそのルールが守れなかったらどうする?」

「ちゃんと守る」

「ちゃんと守れないときはどうする?」

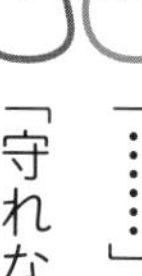

「……」

「守れないときにどうするかを決めておかないと、『約束破った』と言って怒られることになるけど」

「その時はもうゲームをしない」

「でも、ゲームをしないようになっても、またしたくなるよね。だから例えば3日間はできないというようなペナルティをはじめに決めておくのがいいんじゃない？」

「わかった」

「ペナルティは決めたら必ず、3日間禁止になるけども、そうなったときに、それを嫌がってふてくされたり、暴れたり、泣いたりしない？」

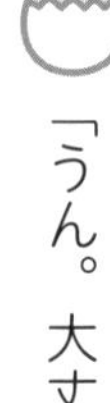

「うん。大丈夫」

実際、ペナルティを実行した時には、嫌がったり、泣いたりするかもしれません。しかし、決め事は決め事。ここで厳しくしなければ、教育にはなりません。そして一度実行すると、次からはルールを破る確率がグッと減ることでしょう。

2 学校から帰ってきても勉強したがらない場合

通常、学校から帰ってきて、すぐに勉強するなどあり得ません。やっと憩いの場「家庭」に戻ったのに、また勉強することを嫌がるのは正常な姿です（大人でいえば、仕事から帰ってきて、家でまた仕事している状態）。だから、一旦は憩いにするのです。ただ、例えば宿題や復習など、しなければならないことがある場合は、仕組みを作ります。

マルチタスク型の子の場合

「子ども手帳」でスケジュールを作っておきます。何時から机に向かうかを決めておいて、終わったら赤で消し込み作業をするようにします。マルチタスク型の子は、集中力がないので、10分、15分程度勉強したら、休憩を挟みます。そして周囲には集中を削ぐようなものを置かないようにします。ですからリビングルームでの勉強は気が散るので難しいと思います。

シングルタスク型の子の場合

好きな領域から入らないと動かないため、してもいい作業から入ります。具体的には、「してもいい科目」「してもいい分野」「単純作業（机の上の片付け、ノートと問題集を開くだけ）」。このように行動しやすいことから入らないと難しいでしょう。そして、それが終わったら次にしなければならないことをやり、最後に、したいことを入れます。つまり、サンドウィッチ型（してもいい→しなければならない→したい）のような順で組んでいくのです。一旦ゾーンに入ると集中力はあるので、場所はどこでもいいでしょう。

机、かたづいたー
じゃあまず算数のドリルから。おわったらゲームしていいよ

3 子どもをつい叱りたくなる場合

この相談メールもかなりたくさん全国からいただきます。叱りたくなる直接的な理由は**「子どもが自分の思い通りにいかないから」**です。冷静に考えれば、思い通りにいくはずなどないことはわかるのですが、冷静に考えられない状況もあります。

実は本質的な理由は別にあって、それは**「親の心が満たされていないこと」**なのです。人は心が満たされていないと、人の欠点、短所が見えだします。そして目についたことを、いじります。その後、事態は悪化の一途をたどり、手がつけられなくなります。

ではどうすればいいのかというと、親が自分の心を満たしてしまうといいのです。そのための方法はMama CaféやMama Caféプライム勉強会、講演会でお話ししていますが、一番手っ取り早い方法は、「自己肯定感を引き上げる10のマジックワード」を使うことです。これを子どもに使ってください。子どもに使うと同時に、親自身の耳にも入っていますので、一石二鳥になります。

詳細は、『子どもの自己肯定感を高める10の魔法のことば』（集英社）をご覧ください。

自己肯定感を引き上げる10のマジックワード

4 中学受験をしたいと子どもが言った場合

子どもが中学受験したいと言ってきた場合、どのように対応したらよいでしょう。まず、子どもの意見は尊重します。次に、中学受験したい理由について聞いてみましょう。

すると返ってくる言葉は、「友達が塾に行っているから自分も行きたい」「周りが受験するから自分もしたい」「地元の公立中学に行きたくない」などが出てくることでしょう。行きたい中学が見つかったからという理由はほぼゼロに近いと思います。

中学受験は受ける中学によっても多少変わりますが、基本的には勉強勉強の連続です。子どもはそれがわかっていないため安易に「中学受験がしたい！」と言っている場合がほとんどです。

そこで、どうするかというと、まずは体験で塾に行かせてみましょう。ただし、中学受験塾と一口にいっても形態や教え方がそれぞれ異なります。そこで、複数体験してみて、どれが自分に合っているのかを試してみないといけません。

塾の宿題や課題をこなしていけばある程度成績は上がっていきますが、これができないとただの「お客さん」になります。もし宿題や課題が自分でできないようであれば、それもカバーしてくれる塾に行くか、もしくは、私立ではなく公立を選択した方がいいかもしれません。いずれにしてもまずは試してみないとわかりません。

5 中学受験をさせたいと親が思った場合

通常はこのパターンが多いです。親先行型で動きます。それによって子どもが伸びたケースもあれば、潰れたケースもあります。そこでどう対応したらいいか、それについてお話ししておきましょう。詳しくは『中学受験に合格する親子の「魔法の会話」（ＰＨＰ研究所）』をご覧ください。かなり詳しく書きました。ここでは概要について書いておきますね。手順は次の通りです。

❶偏差値で見るのではなく、子どもの個性に合っていそうな学校をリストアップする（判断基準は、ホームページや学校案内を見たときの「感性」で行う）。

❷3つ4つの学校に絞り込み、学校見学に行く（説明会や文化祭）。**見るべきポイントは「生徒の様子」。自分の子どもがここで学んだらどういう様子になるかをイメージしてみる。**

❸子どもの意見を聞いてみる（子どもは将来をイメージできないので、現実的な部活や制服、ガイドに載っているイベントで判断する傾向にあるが、意見を聞く）。

❹子どもの意見と親の意見が異なる場合、とりあえず子どもの意見を尊重し、次に、必要な学力レベルと今の学力レベルを明示して、この差を埋めると合格することを伝える。

❺それに対して、中学受験をするかしないかは子どもの問題で、親は誘導しない。

❻この❺の段階が重要で、ここで親が誘導すると親のための中学受験になる。受験したくなるための環境や下地は作るが、本気ですると決めるかどうかは子どもの問題である。

6 習い事だらけでゆとりがない場合

この問題も少なからず全国から相談がきます。習い事を子どもがしたいと言って、いっぱいいっぱいになっている場合と、親がたくさんさせすぎている場合の2つがあります。いずれの場合も、きつい状況であることには変わりないので、改善が必要です。そのときの方法は、紙にスケジュール表を1週間単位で書き出します。そこに、今どのようになっているのかを「見える化」します。次に行うことは、

❶したいこと
❷してもいいこと（どちらでもいい）
❸したくないこと

の3つに習い事を分けます。基本的には「したいこと」だけを残していきます。その時に気をつけたいのは、「しておくと後で得するかも」と感じてしまうことです。してもいいこと、

したくないことはそのまま続けても大して意味はありません。マンネリ化するだけで、ズルズルと続けることに本当に意味があるのか考える必要があります。また子ども時代は、たくさん習い事をしても別にいいと思いますが、**したくないならやめてしまう**というのが基本的なあり方です。

もちろん、そのまま続けてものになったということもなくはないですが、大半はいたずらに続けているだけで終わります。**子どもの頃は、様々な経験をしていて、そのことに十分意味があるのです。**つまり、何がいいか試食している感じです。試食はずっとは続けませんよね。試食の目的は、どれを買うかです。習い事も、たくさんしてみても、それはそれで何かしらの経験として残り、役立ちますが、したくもないことを継続していることに意味はないと思います。このあたりのことを、子どもを誘導することなく、話し合って決めていくといいでしょう。

Special contents 2

お悩み解決！「うちの子にぴったりの教材は？」教科書会社編集部がお答えします。

お悩み解決！「うちの子にぴったりの教材は？」

教材の種類
準拠版
特定の教科書に対応した教材
標準版
教科書の枠にとらわれない教材
問題集
問題演習を行う教材
ドリル
反復学習がしやすい教材
参考書
解説に重点を置いた教材
用途によって様々な違いがあります
こんなに種類があるんだね
なるほど
ウチの子どもにはどの教材がいいのかしら？
お子さんのお悩み別におすすめの教材を紹介しますよ！
じゃあ
苦手分野を集中的にできる教材を教えて下さい！
新課程に対応してる教材は？
お悩み別にさらに詳しい選び方を説明しますね！

新しい学びの方向性――これからの社会に必要な力とは

この章では、教科書や教材を制作する新興出版社啓林館の編集部が、お子さんの勉強に関する保護者の皆様の悩みに沿った教材の選び方や使い方をご紹介していきます。

まずは教材をご紹介する前に、子どもたちが学校でどんな教育を受けているのか、またどんな力を身につける必要があるのかを説明します。

学校教育の方針は文部科学省が定める学習指導要領に記載されています。この学習指導要領が2017年に改訂されました。つまり、子どもたちの学校での学びは大きく変わったと言えます。指導要領のポイントをおさえることは、ご家庭での教材選びやお子さんの学びの助けになります。この教育方針の変化をわかった上で、ご家庭でのお子さんの自学自習への取り組み方や、保護者の皆様のサポートの仕方を考えてみましょう。

2017年の改訂により学校での学びには、「何ができるようになるか」、「どのように学ぶか」

そして「各教科の内容」の大きく分けて3つの項目で変更がみられます。

では、まず1つ目は、「何ができるようになるか」についてです。

学校での学びで身につけたい力は「知識・技能」、「思考力・判断力・表現力」、「学びに向かう力・人間性」の3つの柱がベースになっています。

「知識・技能」とは、具体的には実際の社会生活で活かせるような知識や技能のことです。「思考力・判断力・表現力」は、正解のない課題にも対応するために必要な能力を表します。「学びに向かう力・人間性」とは、学んだことを人生や社会に活かそうとする態度のことです。学校での日々の指導目標や指導内容、評価はこれらを基に定められていると言えます。

2つ目は、「どのように学ぶか」についてです。

1つ目でお話しした3つの力を身につけるためには、学習内容を深く理解することが必要になります。そのためには「主体的・対話的で深い学び」（＝アクティブラーニング）の視点に立って学ぶことが重要とされています。

学校の学びで身につけたい３つの柱

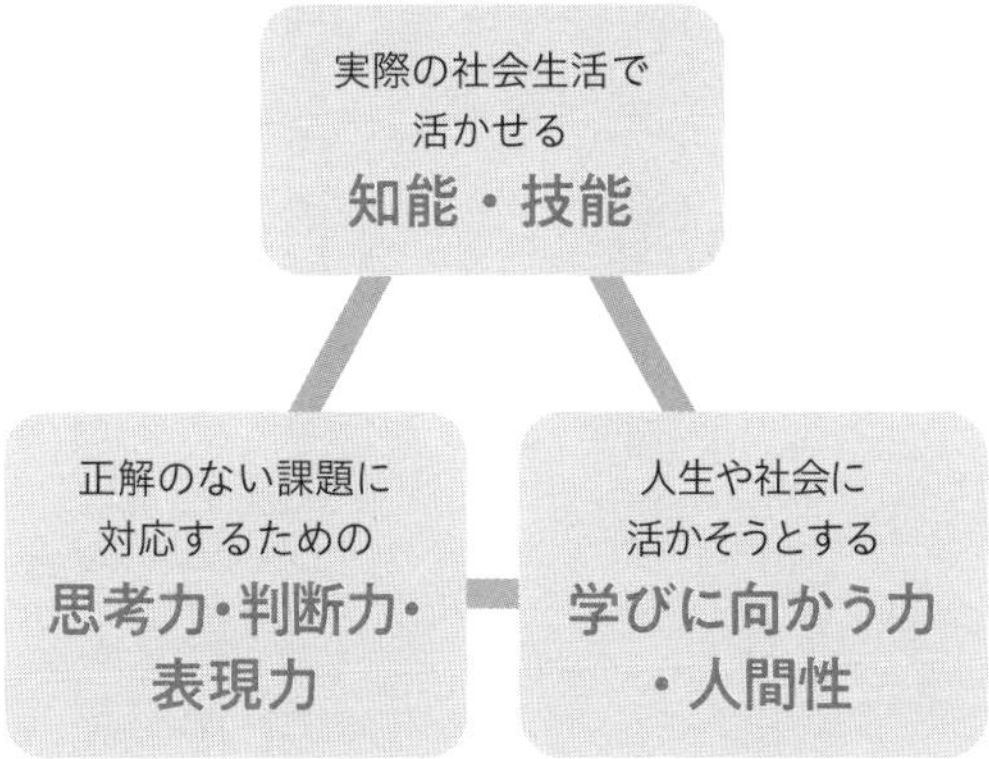

実際の社会生活で活かせる
知能・技能

正解のない課題に対応するための
思考力・判断力・表現力

人生や社会に活かそうとする
学びに向かう力・人間性

主体的とは、学ぶことに興味や関心をもち、自分の学習活動を振り返って次につなげることです。対話的とは、子ども同士だけでなく先生や地域の人との対話を通して自分の考えを広げ深めることです。深い学びとは、身につける・活かす・見極めるという学びの過程の中で、ものの見方や考え方を働かせながら新しい考えを見出すことを意味します。

最後に、3つ目の「各教科の内容」に移ります。

改訂により変更された教科の内容のうち、特に注目すべきポイントは次の通りです。

外国語（英語）

以前は外国語活動と呼ばれていた授業で、主に聞くことや話すことを中心に勉強してきました。しかし改訂により、外国語活動は3・4年生へと移行し、5・6年生で外国語（英語）を教科として学ぶようになりました。現行程ではそれまでの聞くこと・話すことに加え、読むことや書くことが扱われるようになり、中学生への基礎を養います。

プログラミング

コンピュータ等を活用した活動が増え、コンピュータの文字入力から、プログラミング的思考の育成まで広く勉強します。プログラミングとは、コンピュータが動く順番（プログラム）をコンピュータに指示（入力）することです。思った通りに動くようなプログラムを考えることで、子どもの論理的な思考が育成されます。これは主に算数や理科の授業で扱われます。

道　徳

道徳の時間が「特別の教科　道徳」という教科となりました。グローバル化の発展やいじめの問題等を受けて、道徳教育を充実させることが目的です。この道徳の教科化により、通知表に道徳の評価が記入されるようになりました。しかし、算数や国語等とは異なり記述式の評価であり、調査書（内申書）や入試の合否に関わるものではないとされています。

ここまでで保護者の皆様にはお子さんが何を学ばなければならないか、またどんな力を育むべきなのか、イメージだけでも持っていただけましたか？

深い学びのためには基礎となる知識・技能が重要です。この知識・技能をご家庭で身につけるためには自習用教材が最適です。お子さんにとってベストな教材の選択はなかなか難しいことだと思います。なぜならお子さんの現状によって教材を買う目的が異なってくるためです。では……

お子さんの「わかった！」「できた！」を増やしたいですか？

自ら進んで勉強するようになってほしいですか？

21世紀を生き抜く力を伸ばしてほしいですか？

このような要望や悩みを解決できるような教材の選び方や使い方を次から紹介します。

子どもにぴったりの教材は？

世の中には沢山の教材があふれています。色々な分け方がありますが、ここでは、次の❶と❷の視点で説明していきます。

❶準拠版と標準版

「準拠版教材」とは特定の教科書に対応した教材のことをいいます。その一方で、教科書の枠にとらわれない教材を「標準版教材」といいます。

❷問題集・ドリル・参考書

「問題集」とは、問題演習を行う教材です。「問題集」と名前のついている教材は、「確認→演習」というステップを踏むものが多く、問題を解く力を育てるところに重点を置いて作られています。

「ドリル」とは問題集の中でも特に、反復学習をしやすいように作られた教材です。繰り返し似たレベルの問題を解くことで学習内容の定着を図ります。

「参考書」とは、学習内容の解説に重点を置いた教材です。小学生の場合、参考書を使う場面はあまり多くはありませんが、中学入試対応など発展的な内容も学びたいという場合に使用することがあります。問題を解いてわからないときに、参考書を見て疑問を解決できます。

このように、一言で「教材」といっても多種多様で、どれを買えばよいか迷ってしまいますね。ですが、もしお子さんにぴったりの教材を選ぶことができれば、お子さんにとって「最強の一冊」になるとは思いませんか？　そこでここからは、お悩み別におすすめの教材とその特徴を紹介していくので、ぜひ参考にしてみてください！

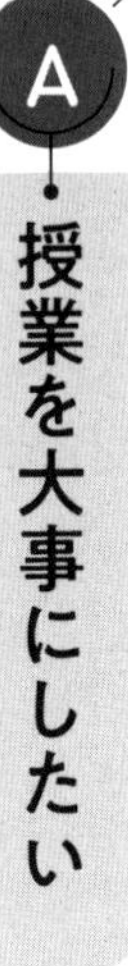

Type A 授業を大事にしたい

授業を大事にしたいという保護者の方やお子さんにおすすめの教材は、準拠版教材です。先ほども説明しましたが、準拠版教材は特定の教科書に対応するように作られています。そのため、授業の予習・復習がしやすい点が準拠版教材の最大のメリットといえます。ここからさらに細かく2つのお悩みに分けて紹介していきます。

Type A1 短時間で授業のポイントが「わかる」ようにしたい

授業は頑張りたいが内容全てをおさえるのは大変だというお子さんや、時間に余裕がないお子さんにおすすめしたいのが、準拠版ドリルを使った学習です。準拠版ドリルは1回の学習が1枚で完結するようにできており、効率的に最重要ポイントをおさえることができます（230ページの図解を参照ください）。

Type A2

授業を「完ぺき」にしたい

授業の内容を漏れなくおさえたいお子さんや、時間に余裕があるお子さんには、準拠版問題集を使った学習がおすすめです。「整理→練習→確認」と段階を踏んで丁寧に学べるので、1冊で教科書の内容を確実におさえることができます（231ページの図解を参照ください）。

教材を選ぶ際、解答・解説の丁寧さも重要なポイントです。解説を読むことで、より理解が深まります。「正解したからOK」ではなく、必要に応じて保護者からも解説を読むよう促してあげるといいでしょう。

理解が深まると、お子さんが習っていない内容にまで興味を示すことがあるかもしれません。その場合は保護者の方から教えてあげてもいいでしょう。

最近は保護者向けのフォローが入っている教材もあるから、声かけの仕方を参考にするといいね！

におすすめ　準拠版ドリル

目安時間が
一目でわかる！

問題の元になる教科書の
例題を表しています。

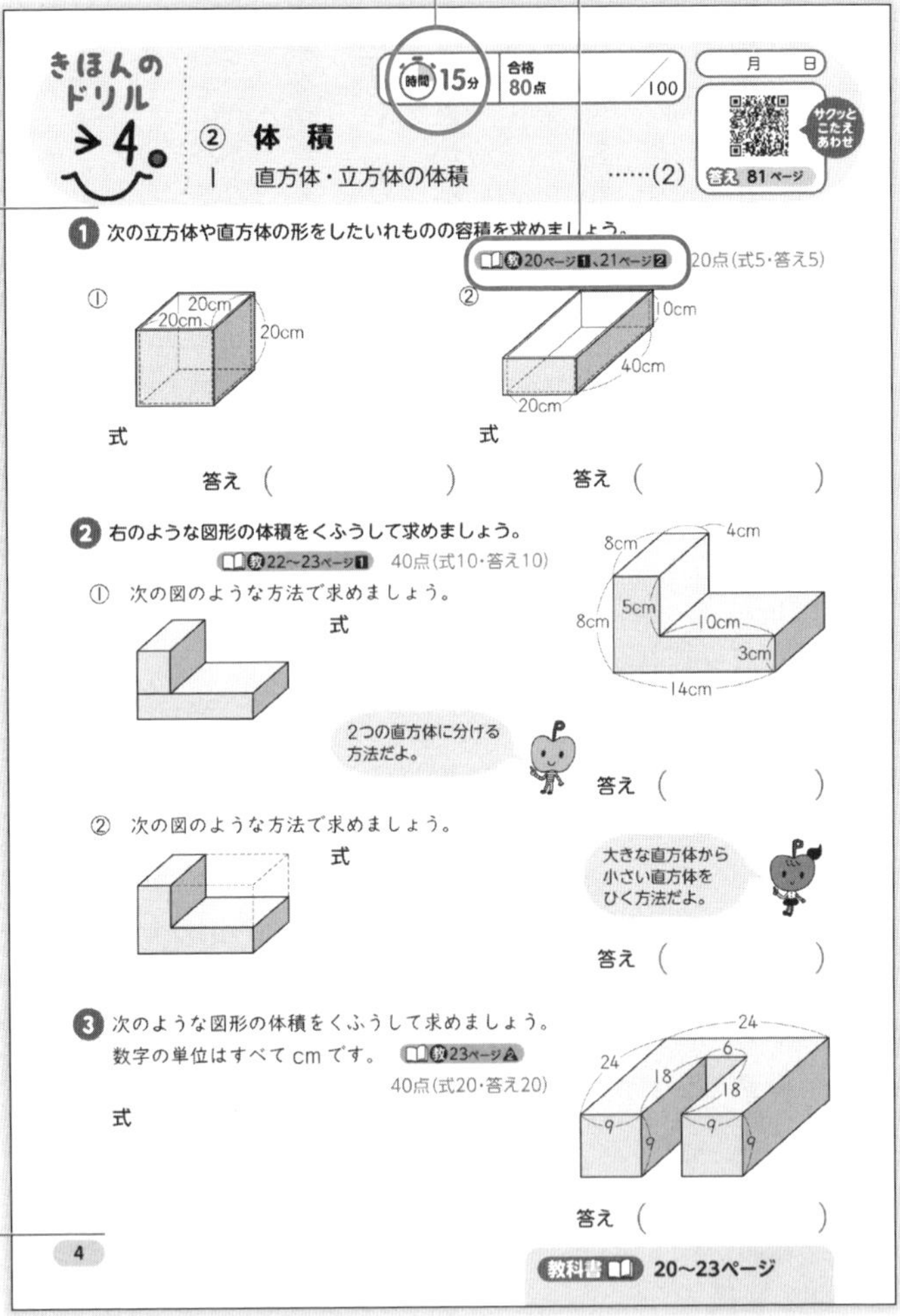

準拠版問題集
よりも内容を
短時間でおさ
えられる

きほんのドリル 4。

② 体 積
1 直方体・立方体の体積 ……(2)

時間 15分　合格 80点　/100　月　日

サクッとこたえあわせ　答え 81ページ

❶ 次の立方体や直方体の形をしたいれものの容積を求めましょう。
教 20ページ❶、21ページ❷　20点(式5・答え5)

① 20cm 20cm 20cm
式
答え（　　　）

② 10cm 40cm 20cm
式
答え（　　　）

❷ 右のような図形の体積をくふうして求めましょう。
教 22～23ページ❶　40点(式10・答え10)

8cm 4cm 5cm 8cm 10cm 3cm 14cm

① 次の図のような方法で求めましょう。
式
2つの直方体に分ける方法だよ。
答え（　　　）

② 次の図のような方法で求めましょう。
式
大きな直方体から小さい直方体をひく方法だよ。
答え（　　　）

❸ 次のような図形の体積をくふうして求めましょう。
数字の単位はすべてcmです。　教 23ページ△
40点(式20・答え20)

24 24 6 18 18 9 9 9 9

式
答え（　　　）

4　教科書 20～23ページ

におすすめ　準拠版問題集

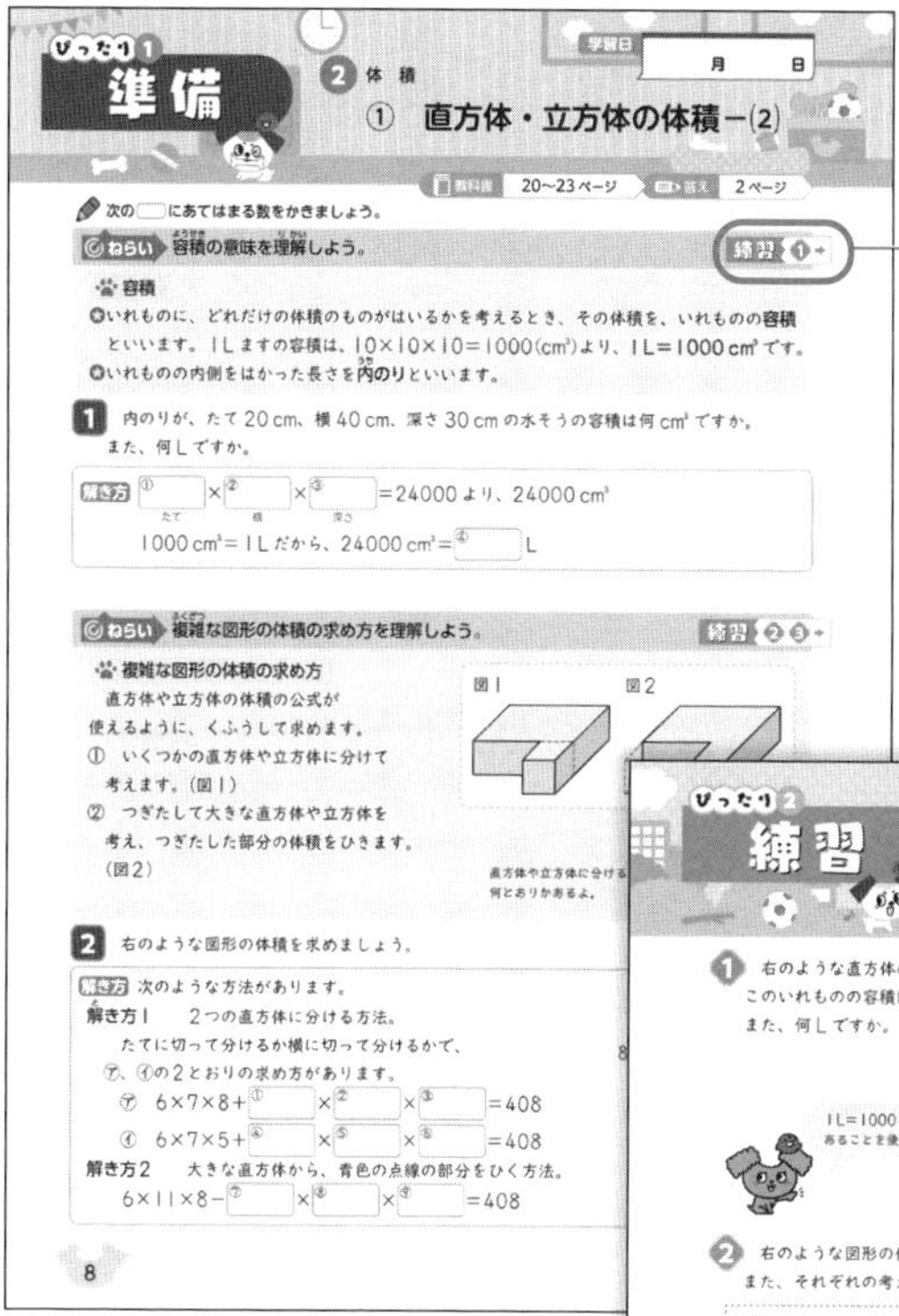

ぴったり1 準備　② 体積　① 直方体・立方体の体積ー(2)

学習日　月　日

教科書 20〜23ページ　答え 2ページ

次の□にあてはまる数をかきましょう。

ねらい 容積の意味を理解しよう。　練習 ①→

関連問題がわかる！

容積

- いれものに、どれだけの体積のものがはいるかを考えるとき、その体積を、いれものの容積といいます。1Lますの容積は、10×10×10=1000(cm³)より、1L=1000 cm³ です。
- いれものの内側をはかった長さを内のりといいます。

1 内のりが、たて 20 cm、横 40 cm、深さ 30 cm の水そうの容積は何 cm³ ですか。また、何Lですか。

解き方 ①□(たて)×②□(横)×③□(深さ)=24000 より、24000 cm³
1000 cm³=1Lだから、24000 cm³=④□L

ねらい 複雑な図形の体積の求め方を理解しよう。　練習 ②③→

複雑な図形の体積の求め方

直方体や立方体の体積の公式が使えるように、くふうして求めます。

① いくつかの直方体や立方体に分けて考えます。（図1）
② つぎたして大きな直方体や立方体を考え、つぎたした部分の体積をひきます。（図2）

図1　図2

直方体や立方体に分ける何とおりかあるよ。

2 右のような図形の体積を求めましょう。

解き方 次のような方法があります。
解き方1　2つの直方体に分ける方法。
たてに切って分けるか横に切って分けるかで、㋐、㋑の2とおりの求め方があります。
㋐ 6×7×8+①□×②□×③□=408
㋑ 6×7×5+④□×⑤□×⑥□=408
解き方2　大きな直方体から、青色の点線の部分をひく方法。
6×11×8−⑦□×⑧□×⑨□=408

8

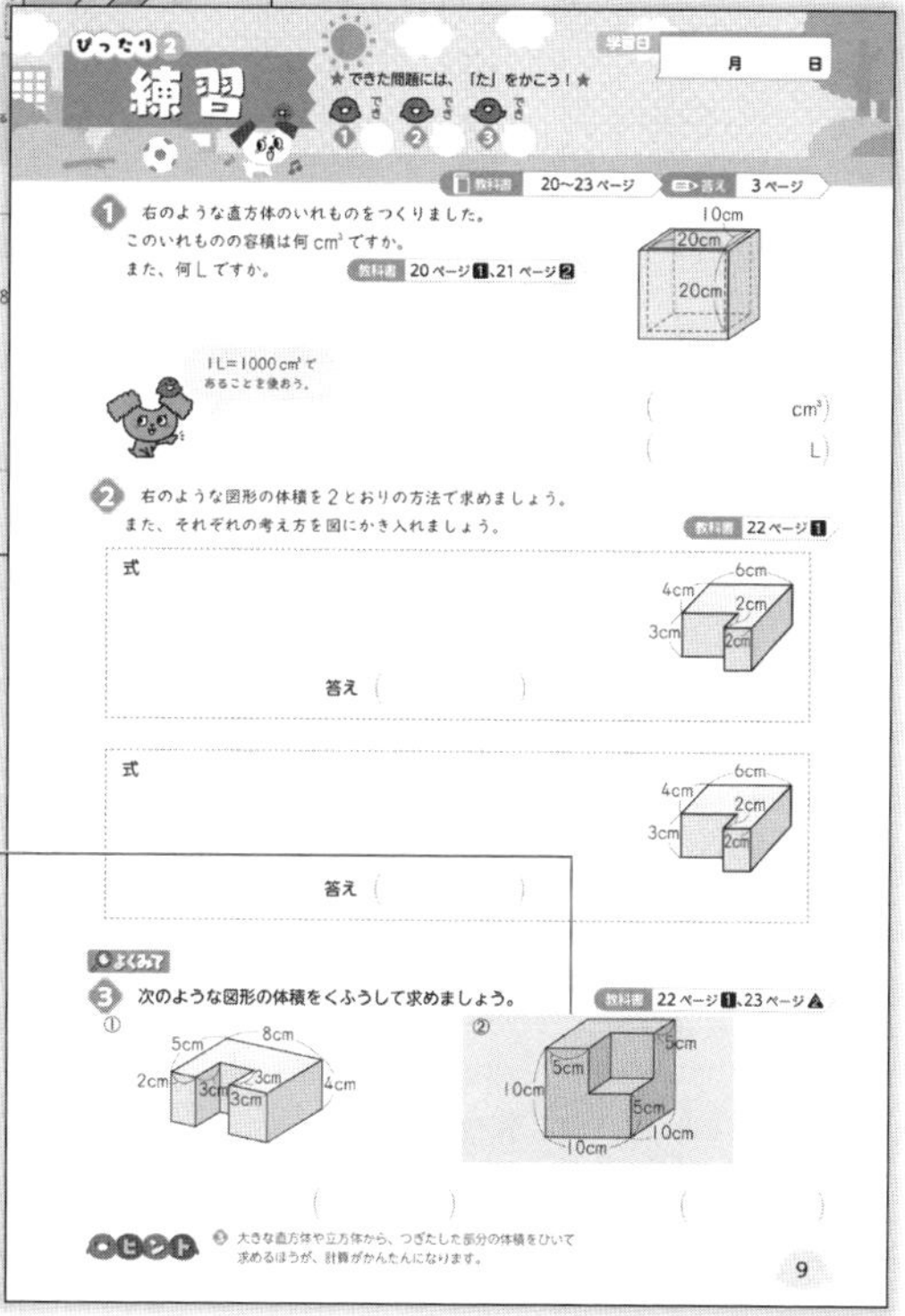

ぴったり2 練習

★できた問題には、「た」をかこう！★

学習日　月　日

教科書 20〜23ページ　答え 3ページ

1 右のような直方体のいれものをつくりました。このいれものの容積は何 cm³ ですか。また、何Lですか。　教科書 20ページ1、21ページ2

10cm　20cm　20cm

1L=1000 cm³ であることを使おう。

（　　cm³）
（　　L）

2 右のような図形の体積を2とおりの方法で求めましょう。また、それぞれの考え方を図にかき入れましょう。　教科書 22ページ1

式　　6cm 4cm 2cm 3cm 2cm
答え（　　）

式　　6cm 4cm 2cm 3cm 2cm
答え（　　）

よくみて

3 次のような図形の体積をくふうして求めましょう。　教科書 22ページ1、23ページ▲

① 8cm 5cm 2cm 3cm 3cm 4cm
② 5cm 5cm 10cm 5cm 10cm 10cm

（　　）（　　）

ヒント ③ 大きな直方体や立方体から、つぎたした部分の体積をひいて求めるほうが、計算がかんたんになります。

9

準拠版ドリルでは扱っていない問題にもチャレンジできる！

Type B

もっと問題を解く実践力をつけたい

もっと実践力をつけたいというお子さんには、標準版総合問題集がぴったりです。その中でも特に基礎・応用・発展というように段階的に構成されている問題集を使うと、無理なく実力をつけることができます。また、問題の問い方も様々なので、多面的に問題を捉える力が身につきます。一方で、このタイプの問題集は、学校の授業では習わない発展的な内容も含んでいる場合があるので、お子さんとよく相談して選ぶことが大切です。

Type C

苦手分野をなくしたい

苦手分野がはっきりある場合には、標準版のドリルがおすすめです。標準版には「漢字」や「時計」など子どもたちが苦手としやすい分野に特化したドリルがあります。先ほど説明した通り、標準版ドリルはお子さんの学びやすさを重視した流れになっているため、苦手の克服にぴったりです。一歩一歩着実に実力をつけることで、お子さんの自信につながります。

ドリルを買っても、ひたすら問題を解き続けるだけで、お子さんが途中で投げ出さないか心配になりませんか？ 『ドリルの王様』シリーズには、自分のがんばり具合が一目でわかる「がんばり表」など、最後のページまでやりきるための工夫がいっぱいです。

前向きに取り組むきっかけを作りたい

勉強というと「面倒くさい」「やりたくない」とネガティブな言葉がお子さんの口から出てきませんか？ お子さんが勉強に意欲的に取り組むきっかけを作って、勉強に対するモチベーションを上げたいですよね。

おしゃれに関心があるお子さんには『カスタムアイスタディ』シリーズがおすすめです。ファッション誌のようなおしゃれなデザインで、お子さんの学習への興味を惹きつけます。簡単なYes／No診断で、自分にぴったりの学習ペースを見つけられるほか、問題集と連動した付録の手帳を使って学習習慣をしっかり身につけられます。解説も充実しており、自学自習にぴったりです。

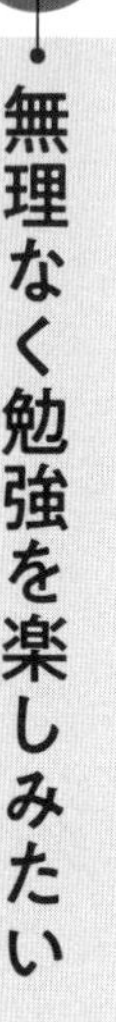

Type E 無理なく勉強を楽しみたい

勉強の楽しさに気づいてほしいお子さんには、「勉強」というより「読み物」として楽しめる教材が良いでしょう。

『クスッとわらってサクッとつかえる』シリーズでは、クスッと笑えるマンガを通して、ことわざや慣用句を楽しく学ぶことができます。小学生のうちに最低限知っておきたい語いがマンガの中に盛り込まれ、意味や使い方が自然と頭に入ってきます。持ち歩きに最適なサイズで、電車の中などスキマ時間の学習にもオススメです。机に向かうことにこだわらず、まずは読み物として楽しむことで「気づいたら勉強していた！」という状況を作り出すことができます。

Type F 新課程に備えたい

新課程では「英語の教科化」、「プログラミング教育」などがスタートし、学び方が大きく変わります。お子さんにどのように学習させたらよいか不安に感じることもあるかもしれませんが、昨今では新課程に対応した様々な教材が発売されています。

タイプCでもご紹介した『ドリルの王様』では、新課程に対応したシリーズ展開がされています。『英語』のシリーズは付録の音声教材を活用することで、英語の4技能（聞く・話す・読む・書く）をバランスよく身につけることができる構成になっています。繰り返しの学習を通じて、これからの英語の学習に必要な、中学校英語の基礎を固めることができます。また、『楽しいプログラミング』はパソコンがなくてもプログラミング的思考を学べる点が特徴です。初めてプログラミングを学習するお子さんでも、楽しく取り組むことができます。

ここまでお悩み別に教材を紹介してきましたが、お子さんにぴったりの教材は見つけられましたか？　次のページでは、今まで紹介したものに加えて、編集部おすすめの教材をまとめています。ぜひお子さんと一緒に書店に出かけて、ぴったりの教材を見つけてみてください。

めまぐるしく変化する21世紀。未来を切り拓くためには自ら考え、行動する必要があります。そんな社会を生き抜く上で、知識や思考力は大きな武器となります。子どもたちが自分にぴったりな教材と出会い、無限の可能性が広がることを心から願っています。

㈱新興出版社啓林館　編集部

子どものタイプに合った教材の特長とその教材

	教材の特長	ぴったり教材
A 1	要点のみ絞る	教科書ぴったりドリル（新興出版社）
A 2	網羅型	教科書ぴったりトレーニング（新興出版社）
B	実践力をつける	基礎から発展まるわかりシリーズ（学研出版）
		グレードアップ問題集（Z会）
C	苦手克服	ドリルの王様シリーズ（新興出版社）
		くもんの小学ドリルシリーズ（くもん出版）
D	モチベーションUP	カスタムアイスタディ（新興出版社）
		おはなしドリルシリーズ（学研プラス）
		寝る前5分暗記ブックシリーズ（学研教育出版）
E	読み物型	クスッとわらってサクッとつかえるシリーズ（新興出版社）
		ダジャレでおぼえる漢字とことばシリーズ（旺文社）
		四字熟語キャラクター図鑑（日本図書センター）
F	新課程対応	ドリルの王様プログラミング（新興出版社）
		論理エンジンシリーズ（水王舎）
		ドリルの王様英語シリーズ（新興出版社）

おわりに
「完璧な親」になるより、親を楽しもう！

本書では一冊を通して勉強法についてお伝えしてきましたが、勉強法以外にも、親から子へ伝えたいことはたくさんあると思います。その際に一番大切なのは、子どもが感じている気持ちになりきるということです。

私は、自分が子どもの立場だったら、ということを常に意識しています。すると、いつの間にか自分でも共感する能力が身についてきたようです。さらにこれまで膨大な数の子どもを見てきているので、そのデータベースが頭に入っています。表情などから子どもの気持ちを感じ取ることもできるようになりました。

その結果、私が感じたことを子どもに言語化して伝えると、その子の表情がぱっと輝きます。そのタイミングを捉えてアドバイスをすると、うまく伝わります。

ここで重要なポイントは、子どもと接するときは決して上から目線で語らないということです。子どもを子ども扱いせず、同じ立ち位置で普通に会話をし、一人の人間として人格を尊重してフラットに接することを心がけています。

また、決して押しつけることもしません。私が伝えたことを、やるかどうかは子どもたちの自由だと話しています。やらなくてもいいし、やったことで成果が出せたとしても、それは子ども本人の成果です。私は子どもに成果を出させたいのであって、自分が安心したいためにやっているわけではありません。

相手が大人であっても同じです。

悩みがあって困っている保護者の話を聞いていると、普段の様子が目に浮かんできます。その様子から共感して、それからアドバイスをするようにしています。その結果、心配だった様子から笑顔に変わっていく保護者の方々の姿を見ると、心から嬉しい気持ちになります。

親も、子どもと一緒に成長していきましょう。親は完璧ではないし、完璧を目指す必要もありません。

子どもを変えようとするのではなく、まずは親が変わりましょう。誰かを自分の思いどおりに変えることは困難ですが、自分を変えることは自分次第でできます。そのためにはまず、親自身が日々を**「楽しむ方法」**を考えていくことです。

子どもは親の言うことは聞きませんが、親のやっていることはよく見ています。また、親の感情も、１００％受け取っています。つまり、親が日々を楽しむことができていれば、子どもも間違いなく楽しむことを学びます。

本書がその一助になれば幸いです。

では、またどこかでお会いできますことを楽しみにしております。

横浜のカフェにて
石田勝紀

15
Secret Tips to Make
Everyday Life More Fun
毎日を
もっと楽しくする
ひみつの15のヒント
石田先生からキミへのメッセージ

1　自己紹介

こんにちは。石田です。この本を書いた人です。ぼくはね、20才のときに会社を作ったんだ。何の会社かというと学習じゅく。今、じゅくに行っている子もいるよね。そのような感じのじゅくね。小学生、中学生が中心で、高校生も教えていた。そうだな、全部で4000人は教えてきたかな。じゅくだから勉強を教えるところなんだけど、ぼくは子どもたちが勉強はあまり好きじゃないことを知っているから、どうやったら、ラクして、楽しく勉強できるようになるかとずっと考えて教えてきた。

その結果、子どもたちは「早く来週にならないかな。また授業受けたい！」と言って帰るようになったんだ。これって考えられる？ウソじゃないよ。ホントにそういう子が多かった。**勉強は、本当は面白いんだけど、いつまでもつまらないやり方しているからきらいになっちゃうんだよね。**ホントに残念。授業をまた受けたいとか、ありえないでしょ、ふつうは。でもさ、楽しくて、面白くて、勉強もできるようになったらどう？

そんな方法あるの？と思うかもしれないけど、あるんです。ということでこの本にいくつかその秘密の方法を書いたので、「これはすごい！！」と思ったのがあったら、1つでも、2つでもやってみて。これまでの自分とはガラリと変わると思うよ。

ということで、勉強なんかさっさとできるようにしてしまって、小学生時代を思いきり楽しんでみてね。

この本を書いた人です!
こんにちは
石田です
ぼくはね
小学生、中学生を
中心に今まで
4000人くらい
教えてきたよ
勉強があまり
好きじゃない
子どもたちも
ラクして
楽しく勉強できる
やり方を教えて
きたんだ
すると
子どもたちは
早く来週に
ならないかな
また授業
受けたい!
と言って
くれるように!
ウソじゃ
ないよー!!
とくべつだよ!
この本を
読んでいるキミだけに
そのやり方を教えるよ
という
ことで
これで
小学生時代を
思いっきり
楽しんでみて

2　なりたい自分になるすごいルール

大人たちはよく、「キミの夢は？」とか聞くよね。別に子どものころに、夢がなくてもぜんぜん問題ないんだけど、**「こうなりたい！」とか「〇〇がやりたい！」と思うとね、本当にその通りになっていくんだよ。**でも、これを悪い意味で使ってしまっている子もいるんだ。

どういうことかというと、「自分はできない人間だ」と思うとする。すると本当に「できない人間」になっていく。「失敗するかもしれない」と思うと、失敗する。「自分は国語が苦手だ」と思っていると、ますます国語が苦手になる。だけど、「自分はできる人間だ！」と思えば、できる人間に近づくし、「成功する！」と思えば、成功する人間になる。だから「私はすごい！」と決めてしまえば、すごい子になっていくということなんだ。

人間は、自分で決めたとおりになっていくから、何を決めるかが大切になる。悪いことを決めるか、良いことを決めるか。どちらでも、決めたとおりになっていくんだ。

ただ、１つだけ忘れないで。

たくさんの人たちが、これまで「わたしは〇〇になりたい！」と言って、そのとおりになってこなかったんだ。それはとちゅうで、あきらめてしまったから。「やっぱり、わたしはダメかも」って。「ダメ」と思っているから、どんどんダメになるんだよね。だから、決してダメとは思わない。必ず少しずつ近づいているから。安心して進んでいこう。

田中ひかる
小学3年生

将来サッカー選手になりたいけど…

ボクなんかになれるかな〜

なれるよー!!

バッ

ビクッ

うおっ 石田先生!!

こうなりたいとかやりたいって思うとその通りになっていくよ

ええ…ホント??

それだけで?

本当さ! 不安な気持ちに負けず「自分は出来る!」ってまずは自分信じてみよう そして続けることが大切

そっか! サッカー選手になれるように練習をがんばる!!

明日につなげよう

なりたい自分をイメージしてみよう。

3 プラス言葉とマイナス言葉のどちらを使う？

そもそも、プラスの言葉とマイナスの言葉ってどんな言葉？

プラスの言葉は、自分が言われてうれしい言葉や、安心できる言葉。例えば、**「ありがとう」「すごいね」「うれしいです」「ごめんなさい」**とかだね。前の３つはプラス言葉ってわかるね。でも「ごめんなさい」もプラスだよ。人にめいわくをかけてしまったときに「ごめんなさい」と言うと相手は気持ちがやわらぐよね。だからプラス言葉なんだ。

では、マイナス言葉は？

それは、自分が言われたくない言葉。例えば、「勉強はきらい！」「やりたくない」「うざい」「むかつく」「算数苦手」。

言葉のこわさは、相手に使っている言葉が自分の耳にも入っているということ。プラス言葉を相手に言えば、自分の耳にもプラス言葉が入ってくる。逆にマイナス言葉を相手に言えば、自分もそのマイナス言葉を聞くことになるんだ。ということは自分にもその言葉を使っているということ。

もし、自分がこれからぐんぐんのびる人間になっていきたいと思うんだったら、これからはプラスの言葉をたくさん使うようにしてみて。100％プラスの言葉だけを使うのは難しいから、マイナスよりもプラスが多いぐらいでいいかな。するとプラスの人間になっていくよ。

明日につなげよう

キミにとって一番のプラスの言葉を決めてみよう。

4 宿題をやりたくないキミへ

「宿題」この言葉のひびき、いやだよね～。マイナス言葉をつい使ってしまうと思う。ここだけの話ね。実は大人もね、「宿題」やりたくないんです（笑）。それなのに、宿題を出したり、「宿題やったの？」とか言ったりするよね。

先生は宿題を何のために出すと思う？いやがらせのため？そんなわけないね。ではなんで？宿題は勉強が必要な時に出ることが多いよね。つまりは勉強ができるようにするためなんだ。ということは、できる問題ばかりであれば、宿題は別にやらなくていいんじゃない？全部できるんだから。

宿題をやりたくないと言って、やらない子がいるけど、できる問題ばかりだったらやらなくていいよね。でも、もしできないとしたら…？できないことをできるようにするから意味があるんじゃない。

勉強は学年が上がるとどんどん先に進むし難しくもなる。「できない→さらにできない→もっとできない」となってしまうかもしれないんだ。

ということで、宿題を絶対にやりたくないというのであれば、困るのはキミだけだからやらなくてもいい。だけど、これから先、何年も勉強は続く。もし**勉強でラクしていきたいなら、宿題はやらないよりはやったほうがいい**と先生は思う。

それから、宿題は親から「やったの！？」と言われる前にやった方がいいかな。親に言われてやっているってなんかカッコ悪いから。言われる前にやれる自分になれると、これから楽しいよ～。

明日につなげよう

これからラクしたいなら、宿題はやったほうがトク!

5 友達と仲良くできないキミへ

すこしまえに中学生のお姉さん、お兄さんたちに「これまで小学校の先生から言われたことで一番いやだったことはなんだった？」と聞いたら何て返ってきたと思う？

それは「みんなと仲良くしましょう！」という言葉だったんだ。キミもこの言葉を聞いたことがあるかもしれないね。

そのとき、どう思った？

「がんばって仲良くなろう！」とか「そんなの無理！」と思う人もいるかもしれないね。確かに仲良くすることは大切なことだけど、だれとでも仲良くできるのかなんてわからない。

例えば、いやがらせをしてくるクラスメイトがいたら、その子と仲良くしたいなんて思わないよね。人間には相性というものがあって、気が合う人もいれば、合わない人もいるんだ。だから、無理してまで全員と仲良くする必要はないんだよ。

でも、ここで大切なことがある。それは、全員と仲良くする必要はないけど、気が合わないからといって、いじわるしたり、相手を悪く言ったりすることはしてはダメ。**気が合わないときは、“きょりをとる”こと**。“きょりをとる”とは、積極的に話す必要はないし、いっしょの行動をする必要もなく、あいさつをする程度のこと。

もし、自分が悪いことをしてしまって仲が悪くなってしまったら、謝ればいい。でもそうでもないのに気が合わないのであれば、無理してまで仲良くする必要はないんだよ。自分と気が合う友達と楽しい学校生活を送っていいんだよ。

休み時間

おまえは通さない

やめてよ

えっ
また!?

はぁ…
またあの子に
いやがらせされた

しゅん…

がんばって
仲良くなろうと
思ったけどムリ…

もう
やだ

もう
許せない…!!

まぁまぁ
落ち着いて

石田先生!?
どこから?!

その子と
仲良くする必要
はないけど
悪口や仕返し
するのは
よくないよ

あっちから
いやなことして
くるのに…?

いやがらせを
されても
相手にせず
きょりをとる

いっしょに
いて楽しい人
といるのが
大事なんだ

気の合う友達と
学校生活を
楽しもう!

はい!

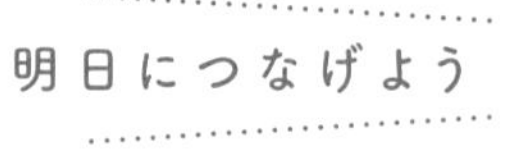

気が合わないときは、無理して仲良くしなくてOK!

6 自分は友達よりダメだなと思うキミへ

キミは、自分は友達よりダメだなと思ったことはあるかな？例えば、勉強がめちゃくちゃできる友達を見て、自分はできないとか、運動ができる友達を見て、自分はあんなにできないとか。

人間って、すぐに人と比べてしまうんだ。キミは、イソップ童話の「ウサギとカメ」を知っているかな？この話は、ウサギとカメがゴールに向かってどちらが早く着くか競争したお話。キミは、どちらが早く着いたと思う？ふつうはカメよりも動きがはやいウサギが早く着く。でもね、カメが早く着いたんだよ。

なぜカメが勝ったと思う？ウサギがひるねをしたことが理由だけど、なぜひるねしてしまったんだろう。それは、カメに簡単に勝てると思ったから。では、なぜウサギは簡単に勝てると思った？

さあ、ここが一番大切な質問だ。なぜだろう？

その答えは「カメと比べたから」。カメと比べて、簡単に勝てるからひるねぐらいしてもだいじょうぶだろうと思った。一方のカメはウサギと比べないで、ただゴールに向かってコツコツ歩いた。カメはゴールにとうたつすることが目的だった。でもウサギはカメに勝つことを目的にしてしまったんだ。

だから、これから先、キミがもし友達と比べてしまって、「あの子がいるから自分は勝てない（勝てる）」とか「あの子がいるから、自分は勉強してもダメ（勉強しなくてもだいじょうぶ）」という気持ちが出てきたら、ウサギとカメの話を思い出して。比べるのではなく、**自分のゴールに向かってコツコツ行けば、いつの間にかゴールに着いている**から。

だれかと比べるのでなく、自分のゴールに向かって進もう。

7 勉強よりゲームをやりたいキミへ

勉強とゲームではあっとうてきにゲームの方が楽しいし、やりたいよね。全国の子どもたちはみんな、そう感じているんじゃないかな。それはそれとして、面白い結果があるんだ。それは、**勉強ができる子も、できない子も同じようにゲームをやっている**ということ。ゲームをやめれば成績が上がるということはないんだ。するとゲームはやりたい放題でいいの？と思うかもしれない。

どうするかはキミしだいだけど、秘密の話をするね。

ママやパパから「ゲームばかりやらないで勉強しなさい！」と言われたことない？ぼくのところにはたくさんのママさんからこの相談がたくさんくる。そこで、ママに次のように聞くんだ。「もし子どもがゲームばかりやっていても、勉強はクラスで上位だったら何か言いますか？」と。すると、『特に言わない』と答えるママさんが多いんだ。ということは、ゲームが問題なのではなく、勉強がある程度できていればいいだけの話だよね。

でも、どうやったら勉強ってできるようになるの？と思うかもしれない。そのためにこの本があるんだ。だから、この本に書かれていることを全部でなくていいから、いくつかやってみて。
勉強できるようにすることはちょう簡単です。**頭が良いから勉強できるのではなく、勉強の方法を知っているから勉強ができるようになるんだ**。ぜひ、勉強もゲームもどんどん楽しんでしまおう！
（ゲームに興味がない子は無理にゲームやらなくていいからね）

塾に行く前
よしっ！
いけ！
コラ!!
ゲーム
いつまで
してるの！
早く塾に
行きなさいっ
え〜〜っ
今
いいところ
なのにっ
ゲーム禁止
にするよ

塾で勉強中
ゲームの続き
やりたいな〜
うずうず
あ〜〜…
集中
できない…
やったら
いいじゃん
えっ
やって
いいの？
成績のいい
りつくんも
ゲームが
大好きだよね？

ゲームしてても
勉強ができてたら
親は何も言わないよ
やり過ぎは
よくないけどね
そっか！
やることができて
いたらいいんだ
ゲームも勉強も
うまくクリアする
方法があるから
両方楽しみつつ
やったらいいよ！
うん！
クリアー!!

勉強の方法を知って、ゲームも楽しもう！

8 動画ばかり見たくなるキミへ

今やYouTubeを見る子たちはたくさんいる。キミはママやパパから「いつまで動画見ているの！もうおしまい！」とか「もういい加減にしなさい！」とか言われたことあるかな？

なぜ親はそのようなことを言うと思う？キミにいやがらせをしているから？まあ、そうではないよね。何かを心配しているんだと思う。では何を心配しているんだろう。

1つは長い時間動画を見続けていると目が悪くなること。目は一度悪くなると、良くはなりにくいんだ。ほぼまちがいなくメガネやコンタクトレンズになる。目を休めることが大切なんだけど、動画をずっと見てしまうよね。いつの間にか30分、60分と。キミたちは特に、成長期だから目が悪くなりやすい。それを心配してるんだ。

もう1つは、ゲームのときと同じだけど、やるべきことができない子になるのではないかと心配している。だから「動画の前にやるべきことをやってしまいなさい」と言ったりするんだ。それじゃ、このような事を言われないようにするにはどうすればいいと思う？

簡単だ。**「決められた時間内で動画を楽しむ」「動画を見た後でもいいから、やるべきことやる」**の2つができればいいわけだよね。そうすればだれも困らない。キミも楽しいし、親も文句は言わない。

動画は遊びだけではなく、勉強にも使えるので、見るのはいいと思うよ。でも目が悪くなるまで見るとか、やるべきことを全くやらずに動画見るとかだと、後でこうかいすることになるから、そこだけ注意だね。

明日につなげよう

動画を見るルールを作って、文句を言われないようにしよう！

9 勉強ができるようになるコツ

「勉強できるようになるコツがあったら知りたい」と思うかもしれないね。

コツはあるんです。でもその前に、一つ確認しておきたいことがあってね。それは**「キミは本当に勉強できるようになりたいと思っている？」**という質問なんだけど、どうかな。

特にできるようになる必要ないと思うのであれば、今のままでいいと思うよ。別に勉強できることだけが人生ではないのでね。ただ多くの子は、小学校６年間、中学校３年間、高校３年間と12年間、学校に行くよね。大学に行けばさらに４年間。その間、ほとんど何をやっているかと言えば、「勉強」だよね。もしその勉強がある程度できれば問題ないけども、できない状態のままだったら12年間、または16年間つらいかもしれないね。だとしたら、勉強はできないよりは、できる方がいいのではないかな？

ではコツについて話をしよう。まず、算数は**毎日少していいから絶対解ける計算問題**を時間制限付きでやってごらん。絶対にすごくなっていくから。**国語は音読**をやってごらん。できれば5回は読む。音読は宿題にもなっていたらラッキー。宿題もできて、頭も良くなる。ただやるのがめんどうくさいよね。だから長い時間しなくていい。3分でも5分でもいい。大切なことは毎日コツコツやること。コツコツやるからコツという。ダジャレじゃないけど、本当なんだ。難しい問題を解いても勉強にはなるかもしれないけども、実は、**最も勉強ができるようになるコツは、短い時間でいいから、やり続けること**なんだ。そのためには、チェックリストを作って、終わったらチェックしていくといい。1ヶ月もすると、勉強できる自分におどろくと思うよ。

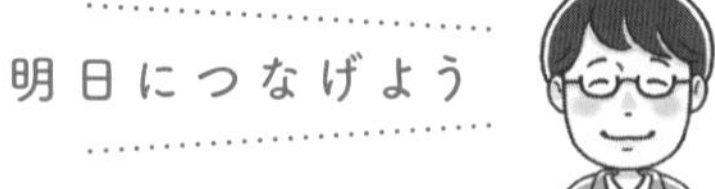

勉強のコツは、少しずつでも毎日続けること!

学習へん

10 どうやって覚えたらいい？

「来週漢字テストするから覚えてきなさい」と言われたことあるかな？漢字でなくても、「覚えなさい」と言われたことは１度や２度はあるかもしれないね。でも、そのとき、覚え方って教えてもらった？もしかして漢字を覚えるのに、書き続けていたりしない？

そもそも、覚え方を教えてもらっていないのに、覚えることができないのも無理はないよね。これから、先生や親に「覚えなさい」と言われたら、「覚え方を教えてください」と聞いてみよう。

さて、キミに覚え方について少し話をしておこう。「覚える」とは**「くり返しテストすること」**を言うんだ。例えば、漢字であれば、**はじめから書いて覚えるのではなく、まずは「読みのテスト」を３回やる。１回目で読めなかった漢字にチェックして、２回目はその漢字だけ読めるかテスト**する。**２回目で読めなかった漢字には２つ目のチェックをして、３回目はその漢字だけ読めるかテスト**する。このように３回やる。おそらく読みはこれで全部できると思う。その次に、漢字の書きのテストをする。これも１回目、２回目、３回目とやっていく。３回漢字の書きのテストをくり返して、それでもまちがえた漢字が、「テストによく出る問題」。だからその漢字だけ５回書きする。ここでようやく書いて覚える作業になる。

一番むだの無い方法でしょ。そして漢字テスト直前には、３回目でもまちがえた漢字から見直し、時間があれば２回目でまちがえた漢字を見直し、さらに時間があれば１回目でまちがえた漢字を見直す。満点取る子はこれをやっている。

明日につなげよう

覚えるコツは、覚えているかテストすること。

学習へん

11 「考えなさい」と言われて困ったことない？

「考えなさい」「考えてみよう」「考えてごらん」と言われたことあるかな？ぼくも学校で、先生から「ではみんなで考えてみよう」「よく考えてごらん」とか言われたことがあった。そのときは何も思わず、その言葉を受け取っていたけどね、そもそも「考える」って何？どうかな、キミは「考えなさい」と言われてどうする？おそらく考えるんじゃなくて、なやむんじゃないかな。考えるとなやむは全くちがうね。

では、考えるとは何か説明(せつめい)してみよう。考えることにも種類(しゅるい)があるけども、一番簡単な「考える」は**「なぜだろう？」と思う**こと。

例えば、「信号(しんごう)の真(ま)ん中の色は何？」と聞かれたら「黄色」と答えるよね。これを知識(ちしき)というんだ。知識は知っていると答えられるけど、知らないと答えられない。漢字や理科、社会の用語などは知識だよね。それらを覚えることは考えるとは言わない。

でも、「信号の真ん中の色はなぜ黄色なの？」と聞かれたらどうなる？「あれ？なぜだろう？」と“考える”よね。これを考えると言うんだ。つまり、「なぜ？」と疑問(ぎもん)を持(も)ったときに考えたことになる。

だから、これから考えなさいと言われたら、**「なぜだろう？」とか「どうすればいいだろう？」と思ってみる**といいよ。他にも考えるための方法はあるけども、まずは「なぜ？」と思うことからやってみて。

明日につなげよう

「なぜ?」と思うことで、考える力をつけよう!

学習へん

12 勉強する意味がわからないと思うキミへ

「勉強する意味がわからない！」という子どもたちがたくさんいます。本音を言うと、勉強をやりたくないから、「勉強する意味がわからない！」と言っている場合がほとんどなんだけどね。

大人もそうだけど、意味がわからず仕事をしていたり、勉強していたりする人がほとんどだからね。もちろん、意味がわからなくてもコツコツやっていれば、成長するし、上達する。それだけで楽しいのであればOK。でも、ふと「勉強なんてやる意味あるんだろうか？」と思うときもあるよね。

さて、勉強の意味だけど、もし勉強する意味がないとしたらどうなると思う？今の勉強というのは、日本では150年間も、しかも世界中の学校で同じような科目を勉強しているんだよ。もし意味がないとしたらどう？とっくに消めつしているはずだよね。でも消めつしていない。ということは、何か意味があるということなんだ。さて、どういう意味があると思う？簡単に言おう。**「脳のトレーニングのため」**だよ。国語を勉強すると国語的な考え方ができる。算数を勉強すると算数的な考え方ができる。理科も社会もそう。覚えた知識は忘れてしまうけど、考え方は一生もの。これから先、いろんな出来事にぶつかっていく。そのとき、考え方を知らなかったら解決できない。そのときのためのトレーニングをしているんだ。

問題にぶつかって考えることで人間はどんどん成長することを忘れないで。

明日につなげよう

勉強する意味は「脳のトレーニング！」

13 親におこられたときはどうすればいい？

親におこられたことがない子っているかな？もし一度もおこられたことがないとしたら、かなりめずらしいね。通常は、おこられることは1度や2度はあるね。

では、ここでちょっと考えてみよう。「なぜ、親がキミをおこるのかな？」

親はキミがきらいだから？キミへのいやがらせ？いや、そんなことはないよね。むしろ逆に**キミのことをとても大切に思っている。**

では、なぜおこるんだろう？一番の理由は心配しているから。今のままのキミがずっと続いてしまうのではないかと思って心配している。例えば、食べるときの姿勢が悪くておこられたとするね。この姿勢の悪さが大人になっても続いて、大切な場で大切な人と食事しているときに、姿勢の悪さが原因で印象が悪くなってしまうかもしれないとかね。また、姿勢が悪いと消化に良くないとかね。いずれにしても、**キミのことが心配で今、何とか正しておかないと一生困るかもしれないと考えてのことなんだ。**

勉強や宿題も同じ。今、しっかりやっておかないと、やがて学年が上がるにしたがって勉強についていけなくなり、学校の授業がチンプンカンプンになってしまうことを親はおそれているんだ。だから、「やりなさい！」と言ってしまう。

おこられるのはいやなことだけど、親の裏の気持ちにはそのようなものがあるということだけ知っておくといいよ。やがて、キミが親になったとき、今度はその気持ちがよくわかるようになると思うよ。

明日につなげよう

親がおこるのは、キミの未来を心配しているから。

14 勉強する気になれないとき

勉強する気になれないということあるよね。実は大人にもあって、「仕事する気になれない」とかね。でも大人は、なんとかやったりする。なぜなら、**やりたくなくてもやれるようにする仕組みを作っていたりする**からなんだ。

例えば、コーヒーが好きな人は、コーヒーを飲んで気持ちをやる気にさせてから仕事するとかね。では、勉強する気になれない子が、勉強するようになるための仕組みってあるのかな？と思うかもしれないね。あるんです。

３つ紹介するね。

１つ目は、「自分がやる気になれる場所と時間」を調査する方法。国語はおやつの後のリビングルームのいつもの席、算数はおふろ前の自分の部屋の席、音読はね転がりながらやるなど。こうして自分のやる気ができる時間帯と場所をまず調べてみて。

２つ目は、やりたい科目から始めるということ。それでもやりたくなかったら、教科書とノートを開いて準備してみて。すると、その後席についたらすぐに勉強に取りかかれるよね。勉強する時に一番めんどうくさいのは、教科書出す、ノート出す、筆記用具出すことだから、準備だけしておけば、やる気が出るという仕組みだ。

３つ目は、今日何をいつやるか紙に書き出す方法。そしてそれが終わったら赤ペンで消していく。「これをやっつけた！」という感じで、赤ペンで消していく。実はこの方法は勉強ができる子たちがやっている方法なんだ。だから真似してみるといいよ。するとできるようになっていくから。ぜひ自分だけの仕組みを見つけてみて。

は〜
勉強する気になれない〜
誰かやる気がわく方法を教えてくれないかなぁ

やる気ON!

ON

やりたくないことをやる仕組みは知ってるよ！

ひょこっ

えぇっ
知りたい!!

わっ
先生?!

ガバッ

3つの方法を紹介するね♪

1つ目は
やる気になれる場所と時間を探すこと

2つ目は
やりたい科目から始める

最初はコレ!

国語

3つ目は
何をいつやるか紙に書き出す

ドリル2P
音読やる
明日の予習

自分だけのやりたくなる方法を探してみてね！

♪〜

はーい！
先生ありがとう

さてと…

ポワワン

ワーン!!

今日も子どもたちをみちびくことができてよかったワン

さんぽ行こーっ

明日につなげよう

勉強をはじめる仕組みを作っておこう！

おわりに

15 チャレンジ、チャレンジ、チャレンジ！

チャレンジという言葉を聞いたことがあると思う。日本語で言えば、ちょうせんするということ。そのちょうせんをすると、必ずといっていいほど失敗やまちがいをする。ふつうは失敗やまちがいっていやだよね。でもここでちょっと考えてみて。

例えば、テスト結果が80点のＡさんと20点のＢさんがいたとする。２人が先生から「まちがい直しをやって」と言われた時、それぞれどういう気持ちになっているかな？

80点のＡさんは、まちがいが20点分だけだから、前向きにまちがい直しをやるね。20点のＢさんは80点分もまちがいがあるので、やる気がおきないかも。

でもね、よく考えて欲しい。どちらの子の方が成長する？80点取ったＡさんが成長できるのは20点分。20点取ったＢさんは？80点分の直しをやったら、80点分成長するよね。

どっちがお得かな？ＢさんはＡさんの４倍も成長しているよね。つまり、まちがいは正していくと、その分、頭が良くなるので、失敗やまちがいはどんどんした方がいいということ。まちがいをそのままにしておいたら成長しないけど、直せばまちがえた分だけ成長だ。

でも、失敗やまちがいをするためには何が必要かな？そう、チャ

レンジする必要があるんだ。チャレンジしないと失敗やまちがいはできない。ということは、チャレンジがないと成長しないということだね。

チャレンジとは、今の自分ではちょっと無理かな？と思うことをやってみることだ。勉強で言えば、ちょっと難しい問題にちょうせんする感じ。あまりにも難しすぎる問題をやることはチャレンジとは言わないね。例えば、サッカーやっていて今までゴールを1度もしたことがない人は、1試合で1ゴールすることを目標にチャレンジするといいね。10ゴールにチャレンジするというのはおかしいからね。

だから、今の自分でちょっとがんばってみて、いけるかもしれないことにチャレンジしていく。そのチャレンジで成功するときもあるけど、失敗するときもある。そのとき大切なことは、もうわかるはず。

失敗はちょう大切。失敗したら、次はどうしたら失敗しないようになるか考えてみる。「なぜ失敗したのか？」「これからどうすればいいのか？」。この２つのことを「考える」んだ。これで次は成功する可能性がうんと高くなるよ。だからチャレンジすることが大切。勉強だけでなく、これから生きていく上で、ちょっとやってみたいなと思ったら、どんどんチャレンジして、どんどん失敗して、どんどん上達していこう。

さあ、チャレンジ！チャレンジ！

Secret Tips to Make
Everyday Life More Fun

のびる子はやっている最大効果を出す
小学生の勉強法

2024年3月1日　初版発行

著　者　石田勝紀　　代表者　佐藤諭史
発　行　株式会社 新興出版社啓林館
〒543-0052 大阪市天王寺区大道4丁目3番25号
営業　0120-580-156
編集　0120-402-156
受付時間 9:00～17:00（土・日・祝日を除きます。）
https://www.shinko-keirin.co.jp/
印刷所　株式会社チューエツ
